海上遗珍

武康路

方世忠　主编

欧晓川　执行主编

中华书局

图书在版编目（CIP）数据

海上遗珍：武康路/方世忠主编;欧晓川执行主编. —北京:中华书局,2017.8(2024.10重印)
ISBN 978-7-101-12688-4

Ⅰ.海…　Ⅱ.①方…②欧…　Ⅲ.城市道路-史料-上海　Ⅳ.K925.1

中国版本图书馆 CIP 数据核字（2017）第 166964 号

书　　名	海上遗珍：武康路
主　　编	方世忠
执行主编	欧晓川
责任编辑	胡正娟
装帧设计	毛　淳
责任印制	管　斌
出版发行	中华书局
	（北京市丰台区太平桥西里 38 号　100073）
	http://www.zhbc.com.cn
	E-mail:zhbc@zhbc.com.cn
印　　刷	河北新华第一印刷有限责任公司
版　　次	2017 年 8 月第 1 版
	2024 年 10 月第 3 次印刷
规　　格	开本/850×1168 毫米　1/32
	印张 8½　插页 4　字数 160 千字
印　　数	7001-8500 册
国际书号	ISBN 978-7-101-12688-4
定　　价	60.00 元

武康路街区全景

武康路 99 号

武康路 390 号（意大利总领事府邸）

夜幕笼罩下的武康大楼

目　录

总　序

方世忠

　　曾有学者说，在很长时间内，上海文明的最高等级是徐家汇文明。当我们漫步在繁华现代的徐汇，依稀可辨这个中国土地上曾经最具规模的西学文化中心有过的繁荣和沧桑。无论是明末清初的"西学东渐"，还是近代中西文化的交流与交锋，都为徐汇留下了深深的历史烙印。

　　如果历史会说话，她应该会通过建筑来表达；如果城市会打扮，建筑无疑是她别具一格的美丽妆颜。在近代走向辉煌的上海，建筑也如雨后春笋般拔地而起。她们包罗万象、星罗棋布，是中国历史长河中一道亮丽的风景线，而徐汇的近代建筑则是其中浓墨重彩的一笔。

　　这些林荫掩映的建筑画廊中，既有饱经沧桑的黄母祠、徐光启墓等传统历史文化遗产，也有融汇中西的土山湾孤儿院旧址、百代公司旧址等近代海派文化遗迹；既涵盖龙华塔、徐家汇天主堂等宗教文化建筑，也包罗徐家汇观象台、南洋公学（今上海交通大学）等科学文化建筑；既有见证历史变迁的上海特别市政府旧址、中共地下党秘密电台旧址等重要机构旧址，也有记载经济发展的大中华橡胶厂烟囱、上海飞机制造厂修理车间等民族工业遗存；既有爱庐、丁香花园等品类繁多的花园别墅，也有武康大楼、永嘉新村等风格各异的公寓式里弄和花园里弄住宅。巴金、聂耳、赵丹、张乐平、柯灵等一大批文艺名流都曾在此栖身。

　　建筑是凝固的历史，是一座城市的名片和文化象征。没有了老建筑这一历史的见证、文明的标志，不足以形成绵延不绝的中华文明，也就没有今日博大精深的中华文化。习近平总书记说过，历史文化是城市的灵魂，我们要像爱惜自己的生命一样保护好城市历史文化遗产。深入发掘老建筑的历史文化底蕴，努力展示中华文化的独特魅力，是新时期做好城市历史文化遗产保护的重要内容，也是徐汇区委、区政府义不容辞的历史责任。

　　为留存这份弥足珍贵的城市记忆，编委会以老马路为依托，对徐汇区域内的历史建筑加以分类、择选，并力邀国内历史学、建筑学、文学、宗教学等领域的专家学者倾情撰稿，挖掘这些老房子背后未经披露的闻人轶事和历史人文价值，汇集成《海上遗珍》系列丛书，以飨读者。

　　如今，第一辑《武康路》正式付梓，揭开了徐汇厚重文化底蕴的面纱。让我们共同期待下一辑的面世，期待徐汇的文化遗产保护工作结出一个又一个丰硕的果实！

2017 年 3 月

（本文作者方世忠系上海市徐汇区人民政府区长）

百年武康路的文化记忆

郑时龄

　　辟筑于 1907 年的武康路从最初的乡村土路，到煤屑路，再到沥青路面，再到而今的林荫道，用砖和石头，用树木和街巷谱写了 110 年的城市化历史。今天的武康路依然留存着时代的印迹，见证着城市的风云变幻。全长 1 183 米，宽 13—16 米的武康路是上海第一条国家历史文化名街，承载了积淀深厚的历史、人文记忆。掩隐在梧桐树下和无数屋檐下栩栩如生而又错综复杂的武康路记忆，是由那些曾经居住在这里的，为它添砖加瓦的或有名有姓的，或名不见经传的人物，中国人和外国人，以及 40000 多天发生在武康路的形形色色事件所构成的。每一个人、每一条街巷、每一幢房子、每一扇窗户、每一座花园、每一株树木，甚至每一块石头都记述着武康路的历史和文化。武康路之所以在上海，乃至中国的城市街道中享有特殊的声誉，是和曾经以及今天仍然居住和生活在这里的人们分不开的，这里的建筑映衬了他们曾经的辉煌。

城市正是由居住在其中的人以及他们的生活所塑造的，历史上居住在武康路的人又是非常特别的人群，从1937年的街道指南上可以看出当年居住在这里的几乎都是外国人，而今天外国人已经成为居住在这里的"少数民族"。这本《海上遗珍：武康路》收集了作家、历史学家、学者和文物工作者对曾经居住和生活在这里的艺术家、教授、学者、政治家、科学家、作家、实业家、建筑师、新闻记者和医生的记述。他们一度叱咤风云、呼风唤雨，或投身革命，或潜心学问，或大隐于市，遍尝世态的炎凉。文学家和学者、规划师、建筑师们对武康路方方面面的深入探索和研究也已经十分细致入微，书中把他们在武康路的经历生动地展示在读者面前，让他们仍然活在当下，告诉我们城市和街道是有生命的，城市和街道的历史是鲜活的，充满了那些年代的细枝末节，是故事，也是历史。

百年武康路见证了城市历史的演变，沿街的房子几经增建和翻新，早已经物是人非，日常的生活环境也有许多变化。沿街主要是民居和公寓，有研究所和少数公共建筑，也有见缝插针的建设时期留下的楼房，大规模建设时建造的广厦，历史上这条街道上甚至有过一家柴碳行、一片植树场，许多住宅都还带着成片的花园。每当走过这条街道的时候，人们不由得会遥想院墙和绿树丛后面幽深的庭院里当年人们的生活，他们的音容笑貌仿佛还留存在建筑中，因而会产生一种强烈的情感共鸣。因为这里的优美景致，人们会欣赏武康路春天的芬芳、夏日的浓荫、金秋的落叶、寒冬的静谧，但也更是因为这里缤纷的历史建筑为其增添了光彩。

　　武康路堪称上海近代建筑博物馆，从最初的 1912 年到 1998 年，每个时期都留下了具有代表性的建筑，有法国式、西班牙式、英国式等各式建筑。上海滩许多著名的建筑师在这条路上留下了风格迥异的不朽作品。得益于近年来众多建筑师和学者的考证，我们得以举出一长串建筑师的名字。他们是设计了武康路 40 弄 1 号（1933）和 40 弄 2 号（1940）的董大酉、设计了 4 号（1939）和 111 号（1940）的奚福泉、设计了 12 号住宅的建筑师谭垣教授、设计了 393 号世界社（1930）的大方建筑公司李宗侃、设计了 117 号（1943—1944）的集成建筑师事务所的范能力、设计了 65 号（1929）的陈芝葆、设计了 210 号（1934）的东亚建业公司、设计了 198 号（1998）的华东建筑设计院等中国建筑师和建筑机构，黄元吉和王华彬也在武康路留下了作品。还有设计了 2 号（1941）的建筑师 S. C. Dunn，设计了武康路和安福路转角安福路 275 号建筑（1938）的 Michel Seng，我们还不知道他们的中文名字。外国建筑机构则有设计了 97 号（1930）和 123 号（1930—1931）的英国公和洋行。公和洋行还设计了武康路沿线的华山路 823 号（1931）、安福路 322 号（1938）、复兴西路 199 号（1924）。此外，还有设计了 99 号（1926—1928）的思九生洋行、设计了 109 号（1920）的德和洋行、设计了 400 号西班牙式公寓（1939）的薛佛、设计了武康大楼（1923—1924）和 129 号（1929）的匈牙利建筑师邬达克、设计了 232 号国富门公寓（1935）的俄国建筑师罗平、设计了 107 号（1948）的法国建筑师王迈士、设计建造了 390 号（1932）和密丹公寓（1930）的比利时义品放款银行建筑部、设计了 370 号（1941）的联益建筑公司、设计了武康路沿线湖南路 262 号湖南别墅（1921）的美国建筑师伍滕和淮海中路 1834 号（1930）的中法实业公司等。这里仍然有不少尚待考证建造年代及其建筑师的建筑。

城市和街道是一代又一代人按照某种形成默契的理想所创造的，也是人们塑造生活环境，从而塑造自身的愿景。正如美国社会学家罗伯特·帕克所说的："城市和城市环境代表了人类最协调的，且在总体上是他最成功的努力，即根据他心中的期望重塑他所生活在其中的世界。但如果城市是人们所创造的世界，那么这就是他今后注定要生活其中的世界。因此，人类在间接地、没有清楚地意识到工作性质的情况下，就已在构造世界的过程中重塑了自己。"城市在变，武康路也在变，尽管拆除过一些建筑，也新建过一些建筑，但今天的武康路仍然保持了 20 世纪 30 年代的格局，仍然保留着城市的精神，保留着城市原有的肌理和街道界面。武康路是上海无数历史文化风貌街道中的佼佼者，不仅代表上海的过去，也预示着上海的未来。

2017 年 5 月 1 日

（本文作者郑时龄系同济大学教授，博士生导师，中国科学院院士）

武康路
2号

武康路2号传奇

张　伟

这里是武康路的真正起点

武康路有1号，又没有1号。武康路1号位于武康路和华山路的交叉口，故有两个门牌号：在武康路一端1号门牌号的右上方，醒目地标着一个"临"字，显然，这个1号并不是正式门牌号；但在华山路那一端，门牌号变成了华山路831号，上海市人民政府于2005年10月31日公布的"优秀历史建筑"称号的铭牌，就悬挂在华山路831号门牌的旁边。很显然，无论是哪一方面，人们都更愿意把这座宅院称作华山路831号，而非武康路1号。那么，从这个意义上来说，如果有人想对武康路来一次完整的巡览，武康路2号就名副其实地成了这条中国历史文化名街上的第一门户了，而她丰厚的历史内涵也完全对得起这个称号！

武康路 2 号花园洋房南立面

1926 年，武康路 2 号迎来了莫觞清

武康路 2 号建于 1922 年，据说最初是洋人的住宅。1926 年，莫觞清买下了这幢花园洋楼，在此安居，从此，这里成为莫氏产业。即使现在，武康路 2 号仍然是人们心目中品质一流的别墅，何况在一百多年前的 1926 年，她更称得上是豪宅中的佼佼者了。武康路 2 号占地面积 2400 平方米，建筑面积 937 平方米。叩开别墅的朱漆大门，清幽淡雅中映入眼帘的是一座假三层砖混结构的立式花园洋房。洋房南立面是对称的三开间结构，中间是一个突出的大半圆厅，半圆之上是一个弧形的偌大阳台，引人瞩目，入口处是两根塔司干式立柱，造型别致高雅。洋房前南面是一座庞大的花园，树草繁茂，郁郁葱葱；北立面入口的朱红门洞呈拱券形，两旁各有一个佛龛，进门之后层层递进，幽静之中带有一丝庄重神秘。1926 年起，莫氏夫妇就在这幢洋房内安居，并把花园的一部分给女儿莫怀珠和女婿蔡声白居住，这就是今天武康路 4 号的雏形。当年，有关美亚的发展大计，有关中国丝绸业进军国际市场的畅想，都是在这幢花园洋房内谋划的，莫、蔡翁婿两人在此度过了一生中最难忘的岁月。

莫觞清文化程度不低，也颇爱读书，中英文的书籍都收藏了不少，武康路 2 号中自然有其书房的一席之地。莫觞清为自己的书房取了一个颇为雅致的斋名：绿绮书屋。他还请

当时著名书法家伊立勋为其题写书房匾额。伊立勋以其特色鲜明的家传字体，规规矩矩书写了"绿绮书屋"四个大字，并题写上款："觞清仁兄先生雅嘱。"伊立勋先祖伊秉绶为乾隆年进士，历任刑部员外郎、扬州知府，为有清一代著名清官。伊秉绶善书，尤擅隶书。他的隶书具有鲜明的个性，笔画平直，布局均匀，四边充实，方严整饬，有着强烈的装饰美术之意趣，被誉为有"庙堂气象"。世人评说其字为隶书正宗，超绝古格，在当时与邓石如并称为"南伊北邓"。伊立勋为伊秉绶的玄孙，曾任光绪朝无锡知县，民国期间寓居上海，数十年以鬻字为生。他从小受家学熏陶，学识渊博，其书法继承其祖遗风，法度森严，沉郁超拔，于严整中凸显机趣，在当时广受欢迎。这块由伊立勋书写的莫觞清书房匾额，虽历经百年，有幸至今仍留存于世，如能还归武康路2号，则不失为海上一桩雅事。

莫觞清买下武康路2号之时，正是这位上海滩丝绸业巨子迈上其人生巅峰的黄金时期。

从吴兴走向大上海的莫觞清

莫觞清（1871—1932）出生于中国丝绸的故乡吴兴（今湖州）。莫家家境丰裕，莫觞清幼时即得以入私塾读书，稍长又进学堂深造，这在晚清并不容易。1900年，二十九岁，进入苏州延昌永丝织厂，这是他涉足丝绸工业的起步。

莫觞清（1871—1932）

莫觞清很珍惜这个机会，他懂英语，肯出力，办事十分精干，深得经理杨信之的赏识，两年后即被委派到上海勤昌丝厂出任总管车。精明的莫觞清深知这是一次难得的机遇，上海是全国最大的商业码头，担任总管车就意味着进入了工厂管理层，两者合一，不能不说是自己的努力获得了丰厚的回报。莫觞清紧紧抓住这个机会，犹如蛟龙入海，猛虎归山，极尽自己之潜能，依托这个平台干出了一番大事业。1903年，他与人合资，创办久成丝厂，生产"玫瑰"和"金刚钻"牌生丝，有了他自己的产业和品牌。之后其事业更是一帆风顺，经过十余年努力经营，莫觞清开设了久成二厂、又成丝厂、恒丰丝厂、久成三厂、德成丝厂等一系列企业，还兼任美商蓝乐璧洋行的买办，一举成为上海滩缫丝业最大的资本家之一。

莫觞清刚过四十，已赫然在大上海站稳脚跟，并跻身富豪巨商行列。在很多人眼里，俨然是位成功人士，可以含饴弄孙，修身养性，悠然地过过富家翁的日子了。但莫觞清并不这么想，一个规划已久的梦想一直在他脑中萦绕，让他无法停下前行的脚步，这就是创建自己的丝绸厂。

商业贸易中，成品交易远较原料或粗加工产品交易利润来得高，从丝厂到丝绸厂，虽仅一字之差，但两者之间差别可谓巨大，利润之差也绝非可以道里计。当然，建立丝绸厂资本投入更大，对技术和人员的要求也更高。莫觞清是从投资丝业、经营丝厂起家的，他经手创办和管理的丝厂一度多达十余家，是上海滩名副其实的丝业大亨。多年经营，成品和原料贸易两者之间的利弊，他当然一清二楚，曾多次向同业表示"与其以原丝出口，还不若以制成品出口之有裨国计民生"（蔡声白：《中国绸业概况》，1944 年美亚织绸厂编印，第 19 页）。1917 年，莫觞清出手了，他同汪辅卿和美国人蓝乐璧合资开设美亚织绸厂，开始从事高端丝绸的生产并出口国外。美好的理想敌不过严酷的现实，因为准备不足，因为人员矛盾，因为技术不过关，莫觞清的这家织绸厂仅经营两年就被迫歇业。这是莫觞清出道以来所遭遇的第一次重大打击。道路崎岖，人生艰难，涉足商海这么多年，他对生意失败一直有着充分的准备，这点挫折并没有击倒他。

他伏下身子，舔着伤口，默默地积聚着力量。1920年春，卧薪尝胆整整一年的莫觞清卷土重来。此番他吸取上次教训，以我为主，详细摸查，为了充分借鉴外国的先进管理经验和见识欧美的先进机器，还特地远赴美国进行商业考察，回国后又和外国工程师多次商谈，最后斥重资进口了先进织机十二台，于徐家汇路马浪路（今马当路）口久成丝厂后面的现成工房设厂装机，创办美亚织绸厂，莫觞清也由此而浴火重生。想必，此时在莫觞清的脑中已经织就了一幅宏伟的人生蓝图，而1920年的美亚建厂，正是他在这幅蓝图上描绘的第一笔绚丽色彩。当时，各种外国品牌的丝绸充斥国内市场，中国比较有规模的丝绸厂只有上海的物华、锦云、天纶，杭州的纬成、天章等寥寥几家公司。莫觞清决心在这块土地上种植良种，开放出属于自己的丝绸之花。他在丝绸这个行业经过多年摸爬滚打，深知现代企业首先仰靠先进技术，更不可或缺优秀人才。美亚创办之初，他就延聘了杭州浙江省立工业专门学校丝绸专科出身的蔡品三、童莘伯、钱家兰等多名技师掌管各个关键岗位，负责监管产品质量。1921年春，他又聘请从美国留学归来的蔡声白担任美亚的总经理，并将女儿莫怀珠嫁给蔡声白，予以了充分的信任。

蔡声白（1894—1977）是吴兴（今湖州双林）人，和莫觞清是同乡。1907年，十三岁，入家乡的湖州府中学堂（今湖州中学）读书，后考入清华大学。1914年，远赴美国留学，在理海大学专攻矿冶工程。1919年9月，学成归国，

蔡声白（1894—1977）

与他人合资在江西吉安开采煤矿，最后因交通受阻、运输不便导致工程搁置。初次创业失败只是蔡声白人生道路上的一个小插曲，他并没有泄气，而是在默默地寻找新的方向，等待识人的伯乐出现。1921年4月，对美亚来说是一个值得纪念的日子：慧眼独具的莫觞清正式聘请蔡声白担任刚成立不久的美亚织绸厂的总经理。在当时，莫觞清似乎是在冒险，将一个立足未稳的新厂交给一个没有丝绸专业背景的留美海归打理，外人无不为他捏一把汗。但以后的事实证明，莫觞清不愧是一个在商海里打拼多年的丝业巨商，眼光独到老辣，他为美亚寻觅到了一个最称职的掌舵人；而留学归国，亟待创业以证实自己能力的青年蔡声白也终于找到了最适合自己畅心遨游的一片广阔海洋。

青年企业家蔡声白的崛起

　　蔡声白留美的理海大学位于美国宾夕法尼亚州伯利恒市，那里正是"科学管理之父"泰勒大力推动过科学管理实验的地方。蔡声白汲取过泰勒管理学的营养，虽然，他专攻的是矿冶工程，但现代企业的管理精神是一脉相通的；何况，他出生在中国的丝绸故乡——浙江吴兴，从小耳濡目染，对缫丝纺绸的过程颇为了解，也有着很深的感情，现在执掌美亚，可谓是走出去学习历练一番之后又回到了起点，重新开始打造崭新的人生。

　　毫无疑问，蔡声白是有学问、有魄力的，他受过高等教育，出过洋，留过学，但又不仅仅是一个书斋里的学者，更是一个具有现代眼光，勇于创新的企业家，一个站在一线不断开拓的企业家。他从莫觞清手里接过大旗，执掌美亚，既是机会，更是挑战。经过排查企业、调研市场，他给美亚定出的对应策略是"增资添机，罗致人才，革新管理，扩大营业"这十六字方针，用通俗的话说就是：双管齐下，两路并进。首先是抓生产和管理，这是根本，是源头，没有产品其他无从谈起。当时国内丝绸业普遍使用廉价的法国和日本机器，产品也非常单一，只有"物华葛"一种。蔡声白大胆拍板，从1922年起，斥重资全部换用最先进的美国机器，

1930 年的美亚织绸总厂

美亚所出新产品也由此络绎问世，"文华葛"、"美亚葛"、
"华绒葛"、"印度绸"、"乔其纱"、"派立司"等诸多品种
受到客户激赏，产品供不应求，市场份额迅速扩大。因业务
激增，蔡声白开始谋求扩大生产，从 1924 年秋起，陆续开
设分厂，到 1931 年，七年间，美亚共开设了十家分厂，
连总厂形成了十一个工厂同时开机生产的盛况。1935 年开
始，美亚还在苏州、杭州、香港、广州、汉口、重庆、乐
山等外地设厂，既扩大生产能力，又分散公司集中一地的
风险。

　　丝绸生产非常复杂，牵涉纹、印、染、炼等各种工艺，
一般丝绸企业都委托相关工厂代为加工，费用既高，工艺上
很难尽如人意，交货时间也多受掣肘。蔡声白解决了生产规
模以后，又将眼光投向了这个环节。从 1928 年开始，他陆

续开设了美亚染炼厂、美经经纬厂、美章纹制合作社等,这样,丝绸生产所必需的经纬、织造、纹制、染炼等各项工序,都可以由美亚自己所辖的专厂分工合作完成,产品质量也随之有了很大提升。

蔡声白并没有满足生产上的自给自足,他的视野更大,目标也瞄得更远。1933年春,蔡声白将美亚改组为股份有限公司,设立由总经理负责的总管理处统辖公司行政业务,下设华东(上海)、华中(汉口)、华南(香港)、华西(重庆)和华北五个分管理处,负责各区产销业务。总部则下设训练(培训)、检查(检验)和试验(科研)三所,负责美亚产品的质量和创新,美亚人才的储备和培养。蔡声白在抓生产和管理的同时,还进行了很多大胆的尝试,如在开设美亚第五厂和第九厂时,他提议由厂方与全体工人各出资一半,资方和劳方共同参与工厂的管理,这在当时可谓创新;他还在八十多年前开创了类似今天自贸区模式的尝试。1936年,蔡声白将美亚第十厂改组为关栈厂,从国外进口的人造丝经海关检验后运入关栈厂,织成绸缎后再由海关派人监督装箱,直接运送出口。这样既节省时间,提高效率,也无须缴纳进口、出口税,大大减轻了企业成本。由于美亚关栈厂位于上海闸北八字桥,在1937年"八一三"事变中被日军炮火炸毁,蔡声白的这一充满灵性的创意也由此戛然而止。30年代初、中期,美亚处于巅峰时每周都推出一款新产品,销路非常繁盛,美亚织绸厂也由此成了国内丝绸业的龙头企业。1932年的"一·二八"和1937年的"八一三"两次事变，使国内工商业遭受重创，美亚的很多分厂设在战区，自然也损失惨重，并由此终止了上升势头，这也成为蔡声白心中永远无法磨灭的痛。

对于一个企业来说，生产和销售就像一部车上的两个轮子，缺一不可。美亚的生产在蔡声白的打理下蒸蒸日上，美亚的推广销售也同样热火朝天，而且其广告宣传的理念新意迭出，敢开先河。广告模特、时装表演，在今天的商界可谓屡见不鲜，而在近百年前的20世纪20年代，勇于创新的企业则要冒明的、暗的各种指责的风险。蔡声白是一个具有国际视野的现代企业家，深谙西方企业经营管理之道，善于利

1930年，美亚织绸厂在大华饭店举行成立十周年大庆活动之时装表演

用新兴的时尚方式，借助媒体的传播效应来对企业进行宣传推广。丝绸和女性有着千丝万缕的关系，因此，利用模特表演来展示丝绸千姿百态的妖媚柔美，无疑是绝好的选择。美亚是中国第一个拥有专业时装模特表演队的企业，1927年，美亚建立了由张昕若女士等四人组成的时装表演队，经常在各种场合为美亚织绸作推广表演。蔡声白还借助明星的声望，在一些比较隆重的场合，邀请胡蝶、阮玲玉、林楚楚、陈燕燕等电影女明星，在时装表演前登台演出节目，以凸显这些明星对美亚产品的支持。事实上，由于美亚丝绸质量好，款式新，女明星的确对此情有独钟。胡蝶就曾为美亚题过词："美亚织绸厂：我在拍电影的时候，或上舞场宴会的时候，都喜欢穿贵厂所出的各种绸缎制作的衣服。我常劝人家一同购买、裁制，她们也都满意。"1930年10月，蔡声白在大华饭店举行美亚成立十周年纪念会，会上有丝绸时装表演，原拟邀请参加推广国货活动的闺秀名媛进行表演，却遭到她们的一致拒绝并提出抗议，认为表演是对她们的侮辱。无奈，美亚只能临时聘请巴黎饭店的舞女吴爱琳、陈慧英、王佩英、钟丽珍、王月珍、黄秀英等六人，身着用美亚丝绸制成的旗袍、晚礼服、睡衣、常服等进行时装表演，并由郎静山摄影，在报上刊登。这一风波经由媒体报道后，反而让美亚的产品更广为人知。

蔡声白组织人员拍摄广告宣传片《中华之丝绸》一事，则更显示了他敢为天下先的企业经营理念。蔡声白认为，广

学以致用

纨绸绉绢是现代最新式的衣料

刘海粟

1930 年，刘海粟为美亚织绸厂展览会题词（贺平　提供）

1930 年，张学良为美亚织绸厂展览会题词（贺平　提供）

1930 年，《美亚织绸厂十周年纪念特刊》封面

告宣传要让更多的受众接受，首先要选择最新潮的时尚媒体，毫无疑问电影为当时首选。1928年，他请曾从事过电影工作的陈惟中负责此事，又聘请既熟悉纺织业务，又擅长市场营销的高事恒执掌宣传事务。一场从未有过的企业广告宣传大戏就此拉开了序幕。陈惟中进入美亚专门从事这部影片的拍摄，他购买相关器械，自导自摄，按中国传统的种桑、养蚕、缫丝、织绸等分工顺序，逐一深入到乡间桑林、村户蚕房和市镇的丝厂、绸厂进行拍摄。由广阔的社会风貌场景入手，源于蔡声白的一个信念，美亚所从事的不是一人一厂之事业，它要代表的是整个中国丝绸业。接下来，陈惟中的摄影镜头才对准美亚的各个生产工序，从成箩的蚕茧进厂，到成匹的绸缎下机，再进入各家商厦，镜头忽而全景扫描，忽而细部特写，全面展示了美亚丝绸从生产、管理到销售的各个环节。影片最后的压台戏，便是美亚的独家王牌，即公司的丝绸时装表演，可谓精彩绝伦，达到高潮。这部《中华之丝绸》首映于1928年，她既是美亚的广告宣传片，也是中国丝绸的形象代言人，更是中国电影史上不可多得的一部珍贵的早期纪录片。

为充分宣传国货，扩大美亚丝绸的影响，美亚由蔡声白、高事恒等带队，携带《中华之丝绸》影片，于1928年5月、1932年5—9月、1934年8—11月，先后三次前往泰国、越南、新加坡、马来西亚等国及国内长江流域各省，进行电影展播和时装表演大巡展。每到一地，都举行宣传国货演说和时装表演，并多次放映影片《中华之丝绸》，把江南水乡的风土人情、蚕桑生涯以及影星们的优雅风姿，美亚工厂的现代气息、丝绸时装的富丽轻柔介绍给当地的观众，引发了海外游子的思乡之情，赞美之声不绝于耳。这三次大巡展，让中国丝绸的魅力深入人心，大大挤压了日本丝绸在东南亚的市场份额。1934 年，美亚丝绸的产值达到了创纪录的800 万元，其中一半销往国外，而东南亚是美亚最大的国外市场。可以说，美亚的广告宣传在其中起到了不可忽视的作用。

成为名著《子夜》主角的原型

1933 年，茅盾长篇小说《子夜》一问世，即以其对中国社会的深刻描绘和真实细致的人物刻画，获得如潮好评，出版仅三个多月即印了四次，1933 年因此被名之曰"子夜年"，以后，《子夜》更被誉为中国现代文学史上的现实主义文学巨著。自《子夜》问世，坊间就一直有传言，猜测作品主角吴荪甫的原型即上海丝绸业大亨莫觞清。应该说这个猜测不无道理：莫觞清和茅盾是浙江同乡，彼此之间有不少共通相知的地方。《子夜》的情节主体是以 1930 年的上海为主要舞台，描写经营丝厂的民族资本家和大金融买办资本家之间所进行的一场生死搏斗，而莫觞清 1903 年就经营有自己的丝厂，正是上海滩最大的丝业资本家，一生几起几落，关于他的人生传奇外间有不少传闻。茅盾撰写这样一

《子夜》书影
（开明书店，1933 年初版）

部以丝厂为背景的长篇小说，自然会对莫觞清这样的人物发生兴趣并大量搜集材料，他以后在写《子夜》创作时就曾坦承："我对丝厂的情形比较熟习。"（1939 年对新疆学生的讲演记录《〈子夜〉是怎样写成的》，刊于 1939 年 6 月 1 日《新疆日报·绿洲》）虽然文学和生活之间并非可以一对一这么简单地去印证，但文学源于生活却是毫无疑问的，以后学术界曾多次探讨吴荪甫的人物性格及其原型问题，也间接证明了这种猜测的可能性。还有一个细节很微妙，莫觞清是吴兴双林人，而茅盾在《子夜》中将"双林"这一地名改成了"双桥"，这有意避嫌的一笔似乎更坐实了外间传言。

事实上，吴荪甫这一人物原型虽然有着莫觞清的很多痕迹，但也一定糅杂有其他人物的影子，比如担任过北洋政府财政部公债司司长、交通银行董事长、浙江实业银行常务理事等职的卢学溥，他集合了实业家、金融家、政府官员等几种身份，又是茅盾的表叔、茅盾读小学时的老师、入职商务印书馆的介绍人，对茅盾影响很大。1930年，他在搜集素材进行《子夜》创作时，就常常往卢学溥公馆跑，跟一些同乡故旧晤谈。茅盾曾明确说过："吴（荪甫）的果断、有魄力，有时十分冷静，有时暴跳如雷，对手下人的要求十分严格，部分取之于我对卢表叔的观察，部分取之于别的同乡之从事于工业者。"（《〈子夜〉写作的前前后后》）

笔者更以为，吴荪甫的身上，也一定有着蔡声白的身世事迹。在《子夜》的描写中，吴荪甫是创办民族工业的一员猛将，他游历过欧美，拥有雄厚的实力，掌握一套管理工厂的方法，是个有才干、有魄力，足智多谋，刚愎自负，有所作为的民族工业资本家。他对发展民族工业抱有雄心，在家乡双桥镇经营有多个企业，在上海开办有裕华丝厂，并野心勃勃地吞并了八个日用品工厂，还和几个志同道合的资本家一起接管了益中信托公司，想让自己的产品走遍全中国的穷乡僻壤，想有更大的作为。这些经历，在很多方面可能更多地契合蔡声白这一人物，毕竟，从1921年莫觞清委任蔡声白担任美亚织绸厂总经理一职以后，美亚的舞台上活跃的主要就是蔡声白的身影，上海丝绸业巨子的身份已逐渐由莫觞清过渡到了蔡声白的身上；而且，蔡声白和茅盾不但是同乡，并且在湖州府中学是前后期的校友，蔡声白是 1907 年入的校，三年后茅盾也进入此校读书。在茅盾所说的"同乡之从事于工业者"中，我想会有一个是蔡声白，而且一定是主要的一个。

文学源于生活，又高于生活，小说中的人物是不能也无法和生活中的原型一一对应起来的，小说毕竟不是人物传记。茅盾写《子夜》，进行了很详尽的准备，也融合进了很多自己独特的观察和体验，他以江南丝厂和上海交易所作为小说的背景和人物活动的舞台，和他出生在浙江乌镇，以后又长期生活于上海，以及拥有很多实业界的亲戚朋友是分不开的，这种经历和体验不是其他哪一个作家能够轻易做到的。莫觞清和蔡声白从浙江起家，毕生以发展壮大民族工业为己任，想把家乡的丝绸同时也是中国的特产推广到全国乃至世界各地，经过多年打拼后成长为上海丝绸业的实业巨子，但在半封建半殖民地的中国，他们又注定了会在国际资本和金融买办面前碰得头破血流，最后以壮志未酬的结局退出历史舞台。这是他们个人的悲剧，更是时代的必然。我们在《子夜》中完全能够触碰到前辈们人生的脉搏，看到莫觞清、蔡声白们的鲜活身影。他们都是有灵性的血肉之躯，可以感受，可以触摸，更可以理解，都是活生生的人！

几经变动后，上海科技文献出版社入驻这里

1949 年新中国建立，武康路 2 号迎来了新主人，这幢花园洋房的履历上增添了更显赫的政治经历，这里曾短暂成为中共上海市委负责人的住处，不久这里又变成了市委机关幼儿园的所在地。"文革"前夕，武康路 2 号又一度成为上海市委下属机构的办公地点。

1976 年 10 月，"四人帮"覆灭，十年"文革"宣告结束，武康路 2 号暂时回归了原先的静谧。当然，这样一块风水宝地有关部门肯定不会让她投闲置散。1978 年，武康路 2 号终于迎来了她的新主人：上海科技情报研究所。这个研究所来头不小，它属于国家科委和上海市政府双重领导，是厅局级单位，这次入驻武康路 2 号的只是它的几个临时机构：由研究所人员组成的工交调查组以及研究所从崇明农场招来的 50 个女青年的培训场所。值得一说的是，这些女青年中有不少后来成了研究所的骨干。这些临时机构自然不会在这样的花园别墅中驻扎太久，仅仅两年多，调查组和培训班就完成了它们的历史使命，撤离此地。随之正式入驻的是上海科技文献出版社，它同样隶属于上海科技情报研究所，但却是一个正式机构，且颇受上级重视，其第一任社长是曾任陈毅市长机要秘书的荣绛蓉。上海科技文献出版社成立于1978 年 5 月，原来在高安路 6 弄 1 号办公，因场地狭小不敷使用，经批准后遂于 1981 年正式搬入武康路 2 号，这一入驻就是整整二十五年。

上海科技文献出版社以出版科技、翻译、医学、生活类图书为主，全社不到百人，规模不大，但却出版过不少有影响的好书。建社初期以出版专业图书为重点，一本《质量控制手册》因填补了科技界的空白而迅速走红，虽然和普通百姓没有太大关系，但在专业圈子内受到了很高评价。进入 20 世纪 90 年代以后，它出版的图书和市民生活的关系越来越密切，"挂号费""治百病""走进博物馆""CCTV 致富经"等系列丛书广受百姓欢迎，在业界影响很大，其中一本《醋蛋治百病》，通俗易懂，简明实用，屡次再版，销量超百万，风靡海内外，创造了业界奇迹。1996 年，上海科技情报研究所和上海图书馆合并，出版社也迅速抓住机会，依托上海图书馆丰厚的馆藏，推出"上海图书馆馆藏拂尘"系列图书，将上海图书馆尘封多年的图书重新整理，挖掘出新的价值，并用新的思路、新的方式重新演绎，让很多古书旧书获得了新的生命。

上海科技文献出版社在武康路 2 号驻扎了二十五年，很多员工将自己的全部青春奉献给了这里，从唇红齿白、满脸朝气的青年男女一直干到白发苍苍的迟暮之年。他们在这里贡献智慧，他们在这里生活成长，他们在这里留下了青春印记，他们对这里的每一个房间，花园里的一草一木都了如指掌，充满了感情。2005 年年底，传来了出版社可能搬离此

武康路 2 号

地的消息，很多人都恋恋不舍，他们纷纷摄影留念，希望能把武康路 2 号永远定格在自己的脑海。

不是结局的尾声

2006 年 6 月，有一户人家非常低调地搬进了武康路 2 号，旁观的人们只知道，这幢有着近百年历史的花园洋房易主了。若干年以后，人们才恍然大悟，搬进去的原来正是这幢洋房原主人的后代，现在只是物归原主——现在的主人是蔡声白的外孙女、香港益达集团掌门人杨敏德，她将在这里谋划重振家族雄风。上海科技文献出版社在这里驻扎了二十五年，难免对一些地方有修建改造，如为增加办公面积而封闭阳台窗户，为改善员工福利而在花园空地上搭建自行车棚等。杨敏德对这些局部都一一作了整修复建。如果人们现在走过这里，会发现武康路2号已经恢复了原先的模样，包括那个最引人瞩目的偌大的弧形阳台。旁边摩登精巧的4号则改造成了陈列莫觞清、蔡声白等几代家族企业家历史遗迹的纪念室：一楼用整整一堵墙面来展示庞大复杂的家谱树；为了表现家族的丝绸纺织业背景，纪念室的窗帘、挂毯和灯饰等，都别出心裁地使用特色织物来装点，温馨而贴切。一点一滴，她都向着历史的原来模样靠拢，但又融合了现代气息和时尚元素。历史不会被忘记，她在时代前进中复活、发展。

唐绍仪旧居

李天纲

武康路 40 弄 1 号，建于 1933 年，是著名建筑师董大酉的作品。董大酉（1899—1973），杭州人，1922 年从清华预备学堂去美国留学，就读于明尼苏达大学、哥伦比亚大学，毕业后回上海创办了自己的建筑事务所。1928 年，他主持了"大上海计划"项目之后，声名鹊起。法租界造房子比较讲究，设计图纸和设计师都要经过公董局的认可，董大酉的"大上海"作品让他有了底气。在江湾，他主持了市政府大厦、博物馆、图书馆等一系列中式大屋顶建筑，在武康路 40 弄 1 号别墅他采用了西班牙式风格，比较适合法租界西区的整体风貌。

1938 年 9 月 30 日，中华民国首位内阁总理唐绍仪被国民党"蓝衣社"的刺客杀害于福开森路 18 号，即今天的武康路 40 弄 1 号。这座寓所，唐绍仪住进来的时间并不长。他是在 1937 年"八一三"事变后，才从原来寓居的大西路

唐绍仪旧居主入口

（今延安西路）搬过来的，正好一年多一点。唐绍仪本来是到女婿家里躲灾祸的，想不到还是难逃噩运。1936年，国民党中央五届二中全会之后，唐绍仪因与蒋介石的政见一直不合，便从他曾担任县长的老家广东省中山县回到了第二故乡上海。在上海，他的朋友太多了，做生意、谈政治、尝美食、玩古董，洋场派头重现，这位大名流的行踪完全是透明的。然而，抗战爆发后，日军为筹建一个能统一华中的伪政权，物色总统人选，没有随国府西迁的唐绍仪，资历、能力和声望都属一流，是最早受到日方关注的。当时上海各界风传日本特务头子土肥原正在秘密接触唐绍仪，要是真有其事，唐绍仪也愿意合作，那历史上发生过的"汪伪"，岂不是就会变成"唐伪"了？

抗战初期，军统对所有"落水"和有意降敌的各界名人，一律采用暗杀手段。有时候只是道听途说、捕风捉影，也就下手了，和 1927 年蒋介石实行的"宁肯错杀一千，也不放过一个"的政策并无二致。当天上午，刺杀唐绍仪的任务由国民党军统头目戴笠下达，上海区副区长兼行动总队长赵理君亲自执行。行刑方式诡异而果决，是典型的"军统"手法。福开森路 18 号是唐绍仪大女婿诸昌年的家，唐绍仪躲进来后，家里有人看守，马路上有巡捕走动，外人出入很容易暴露。赵理君买通了一个刺客，即唐绍仪在广东熟识的同乡谢志磐。谢志磐知道唐绍仪年前曾在古董店看中一个瓷瓶，没有谈拢价格，便以低价觅得为名上门让唐绍仪鉴别。上午 9 时过后，赵、谢两人，加上小特工李阿大、王兴国，驾车前往沪西。进入唐府的是赵、谢、李，王在驾车位上等候。入门后，赵理君先把桌上的火柴藏起，唐绍仪面对徐徐展开包装的宝瓶，正想抽一支雪茄时却找不到火。待保镖上楼去拿火柴之际，谢志磐转到唐绍仪身后，刹那间掏出一把利斧，砍向唐绍仪的后脑。唐绍仪闷声倒下之后，三人和门卫打了声招呼，迅速驾车脱身。唐绍仪当场并没有气绝，被送到广慈医院（今瑞金医院），下午 4 时左右离世，过了 6

唐绍仪（1862—1938）

时，晚报、电台、弄堂，一片唏嘘。

　　唐绍仪想当汉奸？后来看起来完全没有证据！唐绍仪和土肥原确实见过一面，日军也真的想拉唐绍仪组阁，但他从来没有答应，反而是躲在福开森路寓所闭门不出。据唐绍仪的女儿唐宝瑢在《我的父亲唐绍仪》（《炎黄世界》2010年第1期）中回忆说：唐绍仪和土肥原的会面，时间是在1938年9月下旬。当时是因为唐家大姐唐宝珠、大哥唐榴先后从香港来上海，带来了"蒋介石、孔祥熙、宋子文、居正和戴季陶五人的亲笔信，信中请父亲设法向日方打听讲和的条件"。另外有记录说，唐绍仪和土肥原见面时间，正是9月28日。土肥原通过唐绍仪的另一个女婿岑德广的联络，亲自到福开森路唐宅拜访。正是因为国府托付，唐绍仪才同意和土肥原见一面。唐宝瑢言之凿凿，说这五封引来杀身之祸的密信，后来一直由大姐唐宝珠保藏，还遭到军统的追查和恐吓。这个回忆可以看出当时的复杂态势，唐宝瑢的说法目前还是孤证，还有待别的史料来证实。可以确定的是，蒋介石自己下了暗杀令，他在当天的日记中记道："唐绍仪在沪毙命，此实为革命党除一大奸。此贼不除，汉奸更多……"然而，蒋介石在公开的场合，却惺惺作态地拍了唁电说："惊闻少川先生在沪遇变逝世，痛悼何极。老成遽殒，顿失瞻依。……"蒋介石和军统手段确实狠毒。或许是根据日方在刺杀事件后的反应，以及军统、中统的反复查核，确实找不到有"唐奸"的证据，行政院长孔祥熙在 10 月 5 日又发布《唐绍仪褒奖令》，拨付丧葬费 5000 元。在国史馆所立《唐绍仪传》中有句说：面对日军拉拢，传主"终不肯出"。

唐绍仪（1862—1938），字少川，出生于老家广东香山（今珠海）唐家湾。因为父亲唐巨川在上海做茶叶进出口生意，唐绍仪很小就来上海念书，1874 年从上海响应"容闳幼童出洋计划"去美国留学。唐绍仪在上海占尽风流，因参加 1911 年 12 月 18 日开始的"南北议和"，受到袁世凯信任，亦被上海南阳路"惜阴堂"主人赵凤昌力挺。上海各界人士说服了南方代表孙中山、黄兴，以唐加入同盟会为条件，接受他担任国务院总理。清末民初，上海的各方势力都推崇唐绍仪，这给了他很大的政治空间，在北洋和南方之间

唐绍仪旧居东南立面

左右逢源。1913 年 6 月，已经初露头角的嘉定籍外交家顾维钧娶了他的第五个女儿唐宝玥，成为他的女婿；同年同月，唐绍仪娶了年轻的东吴大学毕业生上海小姐吴维翘。翁婿两人的婚礼，隔了一天在上海最著名的张园举行，都是大草坪上的新式婚礼，全沪传为佳话。唐绍仪一生的得意和临终的不幸，都在上海。

　　事过境迁，有些故事不是十分确定地记录下来，隔几年就会以讹传讹，这也是让写史人犯难的地方。按照当天上海各大报纸的报道，唐绍仪确实就是在法租界福开森路 18 号（今武康路 40 弄 1 号）被刺杀的，细节都很清楚。但是，网上有些资料说唐公馆是位于法租界的环龙路（今南昌路），离福开森路还有好几里，肯定是个错误。旅台掌故名家高拜石《古春风楼琐记·唐少川倔强自误》一文说，唐绍仪被刺于西华德路（今长治路），那就是差之数十里了。发生在上海的史事，到了台北往往失真，这也是我们这一代人常常感受到的事情。

武康路 40 弄 1 号至今保存原样，建筑为三层砖木结构，主入口朝北，券形门洞，希腊式立柱。二层有三联券柱落地窗，配有三座大阳台。外观是浑水拉毛的墙面，筒瓦的坡顶。室内则有壁炉、烟囱，形制完全西化，非常适合唐绍仪的生活方式。按照房地产档案资料，这座花园别墅的房屋和地产，最初为比利时义品银行所有。1933 年，诸昌年邀请董大西设计改造成为自己的寓所。1949 年以后，和武康路上的大部分房产一样，这幢房子也没收为国家财产，分配给上海市委机关，作为革命干部的家属住宅使用。

颜福庆旧居

李天纲

武康路 40 弄 4 号，是一幢英国乡村别墅式的住宅。这幢别墅的建筑体量不是很大，建造标准在武康路上也不算最高，也就是砖木结构的假三层普通西式民居。经过最近一次的修缮，屋顶、窗台已经失去了原来的风格，倒是用几层红砖厚砌起来的券门还是 20 世纪 20 年代的老味道。由于地面不断抬高，台阶已经埋没，进门无须拾阶而上，平步就可入内。武康路上花园别墅、公寓洋房的状况虽然比其他社区的老房子好一点，老化的程度实在也是非常严重，凋敝的样子随处可见。那一天是徐汇区文化局为武康路申办"全国历史文化名街"的论证会，我们前往踏勘名人故居，当知道这一幢就是颜福庆（1882—1970）在 1950 年前的住宅，大家的热情一下子高涨起来。颜福庆旧居在武康路上初看不是亮点，但是按旧主人一生造福于上海人来说，这幢普通民宅的价值和意义，超过了他的邻居黄兴、唐绍仪、陈果夫、陈立夫。

颜福庆旧居

颜福庆是我们这座城市不能忘记的恩人，"颜氏三杰"（惠庆、福庆、德庆）都对中国新式事业做出了重要贡献。颜惠庆（1877—1950）是外交家、慈善家，曾任北洋政府总理；颜德庆（1878—1940）是著名工程师，中国铁路事业先驱；颜福庆则是一生从事医学事业，他给上海留下的是中山医院、华山医院和上海医学院。忽然想到，颜福庆可与马相伯相提并论，后者给上海留下了震旦大学、复旦大学。马相伯是百年树人，颜福庆是治病救人，做的都是积善积德的事业。这样一些有教会背景的新派大家族，对上海和中国的意义不可估量，没有他们，现在的上海或许会是另外一个样子。据《颜惠庆自传》，颜氏祖籍厦门，祖父清源在开埠前就孤身一人逃难来上海，娶了崇明沈氏，已是落籍于上海十六铺的本地人。颜永京、颜如松就读于美国圣公会主教文惠廉举办的学校，永京一家住在虹口，如松一家住在江湾，都是做牧师。如松早逝以后，永京成了家庭支柱，颜氏兄弟的成就，都受了他的悉心培养。颜永京（1838—1898）于1854年出国留学，1862年回上海，任上海英领署翻译。后于1878年协助美国圣公会筹建圣约翰书院（1906年更名为圣约翰大学），任学监；1881年继任校长。他又把儿子、侄子再送去美国留学，全都回国服务，成就了后来上海滩上十分有名的颜氏家族。

　　颜福庆，出生在江湾镇，六岁丧父后由伯父颜永京抚养。1899年，颜福庆进入颜永京当监院的圣约翰书院学医学；毕业后，又进入舅舅吴虹玉创办的同仁医院当医师。

颜福庆耶鲁大学医学院毕业照
（1909 年）

1906 年，考取美国耶鲁大学医学院，插班到二年级，并于 1909 年以优秀生毕业，是第一个受完美国专业医学训练的亚洲医师。1910 年，直接进入耶鲁大学在湖南创办的湘雅医学院，担任院长；1927 年，因才华出众、成绩出色，又被具有国际水准的北平协和医院聘为院长。然而，颜福庆最想做的事情，是在上海办一家第一流的华人医院和医学院，与天主教的广慈医院、新教的仁济医院一比高下。

虽然有"南湘雅，北协和"的说法，20 世纪现代医学的发源地和聚集中心其实是在上海。教会的仁济、广慈、公济医院是中国近代医院的起源；1907 年，华人红十字总会及总医院建在上海；1914 年，颜福庆创办了中华医学会，自任会长，也在上海；上海缺的是华人自己的医学院和医院。颜福庆认为上海和江浙地区丰富的人才、资金和文化资源，一定能够再建一座国际一流医院。1928 年，他回到上海专心从事医学建设。这一时期，颜福庆住在上海北郊的吴淞镇，离他的出生地江湾镇不远，因为他一手创办的第四中山大学医学院（上海医学院）在那里。

颜福庆在上海市区有固定的住宅，从长沙、北京和吴淞回来，都是住在自己家里。按照文物普查资料，颜福庆1943—1950 年在现武康路 40 弄 4 号居住。也就是说这一段时期之外，颜福庆还有别的房子居住。然而，从《颜惠庆日记》记载的情况看，颜福庆在法租界的住处至少在 1937—1950 年没有改换过。也就是说，颜福庆住在福开森路的年份要长得多。颜福庆的堂哥惠庆，一直是住在"越界筑路"的愚园路上。1937 年"八一三"抗战爆发后，沪西地区各方势力的暗杀、绑架案非常多，颜福庆只得躲进法租界。颜惠庆想和颜福庆住得靠近，看中了"福开森路的房子，愿出 95000 元。房子和 4 亩地皮是元芳公司的产业，他们要价4100 英镑"，太高，只能作罢。1939 年 5 月 18 日，颜惠庆搬进了法租界。5 月 23 日，日本军警果然搜查了他在愚园路的住宅。颜惠庆租了福煦路（今延安中路）955 号，距离堂弟福庆的福开森路 24 号（即今武康路 40 弄）住宅仅一公里，于是两兄弟相濡以沫，你来我往，上海和全国的各界名流都在这两间别墅里会面、聚餐、开派对，成为抗战期间法租界里的两个热点。

战争期间，法租界的生活还是相当稳定的，基本生活一切正常。今天看来令人吃惊的是，做过北洋政府总理的颜惠庆，几乎天天在霞飞路（今淮海路）上散步，与他人无异。1944年10月22日《颜惠庆日记》记载：颜惠庆和妹妹在国际礼拜堂做了晚礼拜后，和颜福庆一起步行回去福开森路住宅。"去教堂做礼拜，同福庆、妹妹去福开森路。"那时候，颜德庆刚刚得了重病，兄妹们在教堂里为他的健康做了祈祷，然后回家商议治疗方案。一旦住过了法租界，很少有人愿意离开，1948年6月22日《颜惠庆日记》记载：颜福庆曾邀请堂哥和他一起到法租界外的中山医院去建造住宅，颜惠庆却不愿意离开。"福庆来访，我拒绝了他关于在枫林桥地产上造房的建议。"颜惠庆喜欢法租界整洁优美的街区，最喜欢在霞飞路上散步，他的余生直到去世再也没有离开这里。

1948年7月13日《颜惠庆日记》中还透露出一条不同寻常的信息：颜福庆在枫林桥中山医院的住宅建好之后，告诉哥哥，他"想把房子出售给（曹）润田"。曹润田就是"五四运动"中被围攻的外交总长曹汝霖，颜氏兄弟在他担任总经理的中国交通银行、中国通商银行中有过投资，和他熟识。7月19日，颜惠庆还专程出了法租界，去"参观靠近中山医院的福庆新居"。颜福庆为了中山医院，离开环境舒

中山医院发起人签名名单

适的福开森路，去"乡下"枫林桥居住，就是为了他的那份事业心。他卖掉的房子，就是福开森路住了几十年的这幢英国乡村式别墅。我们不知道曹汝霖是否是最后的买家，或者又转手给了哪一家，曹在1949年去了台湾。

颜福庆住在福开森路，便利之处就是离他筹建的中山医院更加近了。过去，法租界与华界枫林桥之间没有公共交通，他常常就是从福开森路走过去。颜福庆为中山医院筹集了几百万元的巨款，洛克菲勒基金会、中华文化教育基金会、联合董事基金会、沙逊、嘉道理、王一亭、宋子文、孔祥熙、刘鸿生、宋汉章、陆伯鸿、王晓籁等都曾捐款助建。全上海都知道他为了医院，"有钱必钻"。但是，他自己花钱却是省到极点。据复旦大学高晞教授采访过的颜福庆的孙子颜志渊回忆说：从福开森路家中去市区，霞飞路上的有轨电车车厢"分几等，他是坐在最后一等。手拿个算盘，还拿个包，还有个账本，没有穿华丽的衣服，他要省每个铜板。所以得了个雅号，叫'犹太人'"。从1950年到1970年，颜福庆住在中山医院附近的新住宅里。1968年，"文革"高潮期间，工农兵占领了中山医院，八十六岁的颜福庆因肺气肿去当年一手建造起来的医院，想借一个氧气瓶回家也不行。1970年11月29日，颜福庆在枫林桥住宅里凄冷地去世，其地距离武康路40弄4号的老宅，也就是三四里路远吧。

《华美晚报》总经理朱作同的家

惜　珍

2017 年初春的早晨，阳光明媚。我站在武康路 63 号门前，武康路一如既往的安静。63 号门前有两侧带双柱的铁门，拉花矮墙，铁门里是一个小庭院，从敞开的门里进去，见靠右手边沿墙栽着一排冬青树，面朝建筑的庭院两边各栽有一株高过屋顶的棕榈树，中间是一棵枝叶丰满的桂花树，不安分地向墙外伸展着终年常绿的叶子，墙角下有一长排简单的水泥座。面朝庭院的建筑是一幢建于 1928 年的砖木结构假三层花园住宅，立面及结构对称，占地面积大约 150 平方米左右。有折脊的四坡屋顶，南向并列设置了 4 个老虎窗，住宅底层东西两侧为八字形凸窗，上部为八字形小阳台，中间有三层台阶通往落地钢窗里的客厅。这里是抗日爱国民主人士、《华美晚报》总经理朱作同的寓所，20 世纪 30 年代起朱作同全家就居住在这里。

一晃八十多年过去了，房子的外表还是旧时模样，只是

朱作同旧居

楼下客厅前原有的长门廊已被围墙封闭,少了许多风情,里边想来也是别样景象了。

这里依旧住着朱作同的后代

在武康路63号门口站了一会,默默打量着这幢西班牙式小洋楼,抬头陡见阳台上一位气质不俗的女士正在晒被子,见我探望,便警觉地看我。怕她疑心,我赶紧收回目光。不一会儿,陪我踏访的徐汇区文化局的丹丹和社区街道的郭老师来了,她们带我走向铁门旁边的一扇门,正巧一位年长的妇女开门出来和我们迎面相遇,我一看,正是刚才在阳台上晒被子的女士。郭老师和她打了招呼,并介绍了我们。我说:"您好!您知道这幢房子是朱作同故居吗?"她看了我一眼,神态自若地回答说:"朱作同是我父亲。"我心底涌上一阵狂喜,暗暗庆幸这"得来全不费功夫"的意外收获。这幢房子早已不是朱家独用,现在只有二楼的朝南一间是朱作同的第三个孩子一家住着,我遇见的便是住在这里的朱作同第三个孩子朱美春女士。

得到允许,我们从一侧的木门走进了朱美春居住的二楼。朱美春说以前花园里是没有门的,房子分割出去后,为方便各自进出,才在花园里开出一扇面朝武康路的门。我们跟着她走进的是两扇中间开启的长方形木门,漆成橄榄绿色,门前有两级台阶,门的上部木条间镶嵌着冰花玻璃,再上面是两扇气窗，门的两侧各有一扇同样漆成橄榄绿的长窗，上面也有两扇气窗。进门是过道，过道左侧通楼梯，右侧有一扇原先通向客厅的门，现已封死。朱美春说，以前他们住的时候，是通过客厅步入花园的。踏上有着婉约曲线扶手的木头扶梯，进门是厨房，进去是过道，中间通往卫生间，卫生间里四只脚的铸铁浴缸保存完好。南北是卧室，原先的卧室衣帽间在走廊左侧。踏进朱美春居住的南面的原卧室，只见房子高敞明亮，两扇落地窗通往面向武康路的阳台，站在阳台上可以看到安静的武康路和对面的武康路40弄。

朱美春告诉我，他们全家是1938年搬到武康路63号居住的，当年这幢房子是父亲用20根金条顶下来的。搬进来后，这幢三层楼房里住着朱作同和他的妻子黄桂珍、大女儿美莎、二儿子启华、三女儿美春和四女儿美冬。搬来后不久，第五个孩子就出生了。我看着美春，她年龄应该八十岁左右了，可看上去最多不超过七十岁，且身手矫健，言谈中思维敏捷，看来是遗传了父母的好基因啊！朱美春告诉我：记忆中爸爸的性格特别开朗，他最喜欢小孩子，所以家里人丁兴旺，几乎一年增添一个孩子。爸爸每天工作到很晚才回来，回家第一件事就是抱抱孩子们，而且不管到家多晚，他一定会把熟睡着的孩子们一个个叫起来吃他带回来的零食点心，什么糖炒栗子、小笼包子、生煎馒头、法式面包等，看着孩子们吃得开心，爸爸满脸都是笑容，他是非常享受这其乐融融的家庭生活的。

当年，由于《华美晚报》坚持抗日救国新闻路线，为当时敌伪势力所不容。我想，这么一位热爱生活的人当他充分享受天伦之乐时，难道对自己身边潜伏着的危险会浑然不觉？

从朱美春的讲述以及她给我看的一些材料中，我对朱作同先生的了解逐渐由模糊转向了清晰。

自办《华美晚报》宣传抗日救国

朱作同一生热衷于办报，年轻时就在杭州办过一份小报。1927年"四一二"反革命政变以后，蒋介石反共、反人民、反民主的独裁面目暴露无遗，朱作同积极反蒋，拥护孙中山先生"联共、联俄、扶助农工"的新三民主义，因而遭到蒋介石政权的忌恨，蒋借故将他逮捕监禁，并判处了18年徒刑。之后，在孙中山去世遗体落葬时，蒋介石为了拉拢人心，释放政治犯，实行大赦，朱作同也从南京陆军监狱被大赦出狱。

朱作同被释放出狱后，先是到上海《大美晚报》工作了一段时间，但他还是想自己办报。不久，朱作同在曾经与他一同被关押于南京陆军监狱的难友蔡晓弟的资助下，开始自办《华美晚报》。他办报的政治倾向非常明确，即反蒋抗日，拥护中国共产党的政治纲领。1936年8月18日，《华美晚报》创刊，由美商上海华美出版公司发行。这家公司是由朱作同与旅华美商密尔士（H. P. Mills）合作创办的，资金全由朱作同筹集提供，之所以邀请密尔士参加，主要是为了借用外商公司之名，避免国民党当局的新闻检查，以获得较为宽松的办报环境。当时上海只有两份晚报，另一份是英文《大美晚报》的中文版。朱作同负责的《华美晚报》报社设置在上海爱多亚路朱葆三路（今延安东路溪口路）路口北面。1937 年抗战爆发后，上海沦为孤岛，《华美晚报》以美商身份与《大美晚报》一起成为两家不接受日军新闻检查的中文报纸。

1938 年，中共地下组织领导的四开日报《每日译报》的编辑部和发行部从福煦路（今延安中路）科学印书馆一个车间的角落里搬到了爱多亚路朱葆三路口，办公地点正好是在《华美晚报》的正对面。《每日译报》的前身是 1937年 12 月 9 日在上海创刊的纯翻译性日报《译报》，夏衍主编，梅益、林淡秋、姜椿芳、胡仲持等提供译稿。该报稿件全部译自上海出版的外国报刊，其中新闻约占篇幅的四分之一，其余是通讯、言论等，在上海的发行量高达两万份。后因日本侵略者和汉奸的不断骚扰破坏，出至同年 12 月 20 日第 12 期被迫停刊。不久，中共地下组织又于 1938 年 1 月 21日在上海创刊了《每日译报》，由梅益、王任叔、于伶、陈望道等任编辑，姜椿芳、林淡秋、胡仲持等参加翻译工作。《每日译报》在 2 月 20 日以前是纯翻译性的，稿件主要内容同《译报》相似。从 2 月 21 日开始增加了由该报社综合各方面的电讯，报道中日战事的新闻，并陆续增辟了"社会动态"、"新闻钥匙"等栏目，南京大屠杀和八路军胜利的消息就是在《每日译报》上刊载的。为了开展统战关系，《每日译报》在爱多亚路正式营业的当天，经理赵邦荣和总编辑梅益就以同行和邻居的名义，去《华美晚报》报馆拜访了朱作同先生。朱作同很客气地接待了他们，双方都表示今后要加强联系。因为两家报社相距仅一步之遥，《每日译报》总编辑梅益经常去朱作同的办公室坐坐。

作为一家坚持爱国主义精神的报纸，《华美晚报》自创刊后，销路和广告收入都不错，朱作同便想进一步发展他的事业，《华美晚报》的人员也鼓动他在此基础上再创办一份日报，梅益更是极力怂恿，并表示自己可以为日报撰写社论和专稿。考虑到《每日译报》虽然可以经常收到延安的《解放》周刊和重庆的《新华日报》，但要在《每日译报》上转载党报、党刊的文章明显是不合适的，那就迫切需要有一份周刊来发表那些文章，梅益便鼓动朱作同在创办日报的同时再出版一份周报。朱作同自然清楚《每日译报》的政治背景以及梅益等人的政治立场，但他并没有因此而疏远他们，相反，怀抱一颗抗日爱国之心的朱作同爽快地接受了梅益的建议。在大家的努力下，《华美晚报》增办了《华美晚报·晨刊》，成为上海最早一份由晚报创办的日报，同时，也是孤岛时期创办最早的"洋旗报"，即以外商名义出版的中文报纸。梅益、林淡秋、王任叔、杨潮等进步作家经常为该报撰稿，宣传抗日救国，在"孤岛"时期的上海颇具影响。由《华美晚报》创办的周刊则命名为《华美》周刊，由梅益主编。从此，中共党报和党刊上许多重要文章都改头换面地在《华美》周刊上发表。为了使在上海从事文艺活动的地下党的工作能顺利进行，朱作同还在自己的报馆内给地下党工作者安排了记者等身份，作为掩护。当时，与朱作同交往最多的是梅益和钟望阳，两人的公开身份是记者，但朱作同很清楚他们是共产党员，他们也很了解朱作同的为人和政治倾向，因此，互相合作得很好，不少的抗日救国文章就是通过《华美晚报》和《华美》周刊面世的，在当时起到了非常重要的鼓舞人们抗日斗志的作用。

1938 年春天，上海地下党在学生和青年职工中发动的文艺通讯员活动已具备一定规模，《每日译报》的副刊《大家谈》成为指导这一活动的阵地。为了吸收更多的青年文艺爱好者加入，在《华美》周刊倡议下，举办了一次全市性的征文活动，以纪念"八一三"抗战一周年，征文定名为《上海一日》。梅益和朱作同商议决定，编辑不要编辑费，作者稿费降低到每千字两元，并帮助《华美》报馆征集一两千订户。征文启事在《华美》周刊和《每日译报》刊登后，很快收到大批稿件，有时一天达两三百篇。当年 8 月中旬截稿时，共收到约两千篇稿件，400 万字。征文编辑部按来稿内容分为四部：第一部是描写"八一三"战役开始后前线的战斗和其他活动的"火线下";第二部是记述难民如何死里逃生、流离失所的"苦难";第三部是描写战时和战后上海社会生活各个侧面的"在火山上";第四部是报道各阶层人们在这动乱一年中生活的"漩涡里",梅益等四位编辑一人负责一部。原计划全书三十万字,一个月内出版,后因来稿太多,不得不增加到七十万字,但还是不够。最后,征得朱作同同意后,增加到一百万字,并推迟到12月初出版,朱作同担任主编,并作了序。朱作同还为此追加了费用,并全部用精装本出版,第一版印了一万册,并在报纸上刊登了广告。《上海一日》的出版,留下了一部描述从1937年8月到1938年8月这一年上海军民的战斗和生活的生动画卷,为后来在孤岛更艰苦环境下的革命斗争创造了有利条件。

被 76 号特务暗杀在泥城桥畔

《华美晚报》坚持抗日救国的办报宗旨,自然为敌伪势力所不容,反动派将其视作眼中钉,必欲拔之而后快。他们采取软硬兼施的手段,先是竭尽全力收买该报总经理朱作同,威逼利诱地要他改变态度,不再刊登这类抗日文章,但怀抱抗日爱国之心的朱作同丝毫不为所动,照样我行我素。由于《华美晚报》的外商公司背景,敌人表面上也奈何朱作同不得。恼羞成怒的反动势力开始来硬的了,他们指使暴徒频繁地向《华美晚报》报社投掷炸弹,寄恐吓信,报纸发行人密尔士寓所附近也不时出现汉奸特务活动的踪迹。

1938年1月16日下午6点30分，安静的《华美晚报》社发行课被扔进了一颗手榴弹，幸好此时大家已经下班，没有人员伤亡。见报社没有什么动静，敌人开始变本加厉了。2月10日下午2点25分，《华美晚报》发行人密尔士（H. P. Mills）的办公室也被掷进了一颗手榴弹。三天后，密尔士在汇中饭店寓所收到了一封匿名恐吓信，信中威胁道："如不改变贵报格调，当再报以200磅的巨型炸弹。" 2月24日下午6点18分，《华美晚报》报社再次被掷手榴弹。那天下班后，《华美晚报》负责人朱作同回家，在武康路63号寓所门口发现了一只寄给他的"礼盒"，因疑心里面藏有炸弹，他没有贸然打开，而是让司机去取来一根长长的竹竿，小心翼翼地将盒盖挑开，发现里面虽然没有炸弹，却赫然放着一只五指僵直、血迹斑斑的人手，并附有一张西式信纸，凝神一看，上面用中文打字机打印了这样几个字："请先收此，如不更变抗日态度，当再以新物奉上。"朱作同知道这是敌伪势力给他的恐吓和警告，便让司机把这只"礼盒"赶紧扔进外面的垃圾桶。自己装作若无其事的样子走进家门，孩子们看见爸爸回来，高兴地叫着喊着，他立即把带来的糖炒栗子分给孩子们，看着他们高高兴兴地吃，他心里的阴云顷刻之间散去。事情过去后，见惯了反动派伎俩的朱作同并没有把这件事放在心上，照旧编辑出版他的抗日报纸。

朱作同是一位十分顾家的男人，他爱妻子爱儿女，是妻子眼里的好丈夫，孩子们心中的好父亲。朱作同的妻子名叫黄桂珍，瓜子脸，柳叶眉，丹凤眼，肌肤如雪，天生丽质，是武康路上有名的美人。黄桂珍和朱作同的妹妹是中学同学，读高一时，朱作同妹妹把黄桂珍带到家里玩，朱作同一见黄桂珍就怦然心动，黄桂珍也有意于一表人才的朱作同，两人彼此一见钟情，情愫暗通。在妹妹的撮合下，很快，黄桂珍便嫁给了比她大十六岁的朱作同。黄桂珍嫁给朱作同后，不再念书，天性娴静温婉的她只想做个贤妻良母，安安稳稳地过日子。两人先后生下了五个儿女，小日子过得和和美美。

　　1941年，正是白色恐怖最猖狂之时，到处都是汪伪特务，朱作同不顾自身危险毅然帮助梅益、钟望阳、张承宗等多位抗日战士安全撤离上海，前往解放区。他自己则不顾白色恐怖的笼罩，依旧毫不动摇地站在爱国抗日的立场上，通过自己的报纸揭露社会的腐败与黑暗，并源源不断地发表抗日文章。日军和汪伪政府对此自然非常恼火，他们试图以金钱地位作诱饵，拉拢逼迫朱作同就范，参加汪伪政府。但朱作同对他们不屑一顾，根本不予理会。当时的社会环境十分复杂，到处都是美蒋特务、汪伪特务，黄桂珍很担心丈夫的安全，她常常忧心忡忡地对朱作同说："孩子他爸，外面形势那么吓人，你的报纸可不可以不刊登这些抗日内容呢？我真害怕他们会把你抓走啊！"每当这时，朱作同便会轻轻搂住她说："桂珍啊，做人要有骨气，我的报刊一定要办下去。有我在，你不要怕!"然而，黄桂珍的担心并非多余，敌人的魔爪正在步步伸向朱作同，巨大的阴影笼罩在这位秉持民族大义、利用新闻舆论揭露日军侵华暴行的爱国志士周围。

4月30日傍晚，朱作同到朋友家去，车子开到泥城桥（今西藏路桥）附近，为了朋友的安全，朱作同让司机把车停下，自己下车后大步走在前面，后面跟着他的随身保镖。泥城桥一带是上海四通八达的交通要冲，20世纪三四十年代，这一带戏院、商店等鳞次栉比，人流如织。朱作同大步走在路上，突然一个胸前挂着卖香烟的木头盒子的小贩模样的人走到他面前，冷不防朝着他的太阳穴就啪地开了一枪，毫无防备的朱作同应声倒地，顿时血流满地。随后跟上的保镖一见大惊失色，急忙转身去追杀人凶手，那人却早已混入茫茫人流，影踪全无了。朱作同的保镖当即打电话到武康路63号朱家，黄桂珍接到电话后叫了辆黄包车飞速赶到现场，见到倒在血泊中的朱作同时，他早已停止了呼吸。黄桂珍扑倒在丈夫身上，只叫了声"天哪!"就昏死了过去。泥城桥畔，浊浪翻滚的苏州河水似在呜咽，河边，爱国民主人士朱作同默默地倒在了这座城市的中心地带，年仅四十四岁。

事后查出那个开枪的人正是汪伪特务机关——沪西76号吴四宝策划派遣的特务顾保林，据此人交代他早已悄悄潜伏在朱作同可能出入的各个地方，并已候了朱作同整整一个多月才找到机会下手的。

朱作同被残忍暗杀后，《华美晚报》同仁不畏艰险，坚持把报纸办下去，直到当年 12 月 8 日，太平洋战争爆发才被迫停刊。日本战败后，虽然一些国际新闻机构已经得到日军投降的消息，但在敌占区的上海，许多中国人还不知道这一振奋人心的消息。由于日军残酷镇压抗日运动，一些知情者也心有余悸，不敢轻易传递消息。但《华美晚报》的同仁们却毫不畏惧，一面立即宣布复刊，一面于 1945 年 9 月 3 日发行了一份《华美晚报·号外》，头版刊载了《日降书昨晨正式签订》的新闻，并配以大字标题。《华美晚报》和其他进步报刊提供的消息，点燃了敌占区人民欢庆抗战胜利的热潮。朱作同泉下有知，应该感到欣慰了。

寡妻一人撑起六口之家

朱作同被暗杀后，留下了年仅二十八岁的妻子黄桂珍和六个孩子，最大的只有六岁，最小的遗腹子尚未出生。那晚，哭得死去活来的黄桂珍昏昏沉沉地回到武康路的家里，年幼的孩子们已躺在床上，天真无邪的孩子哪里知道家里已经发生了天崩地裂的大事？睡梦中的孩子们露出甜甜的笑容，也许他们正梦见爸爸带着糖炒栗子、奶油蛋糕走到床边，要叫醒他们起来吃宵夜呢！第二天，家里设置的灵堂里，朱作同静静地躺着，浑然不知的孩子们还以为爸爸在睡觉，兀自在帐幔间穿来穿去地玩躲猫猫。可怜的孩子们，他们哪里知道自己已成了没有父亲的孤儿！

半年后，朱作同最疼爱的小儿子老五突然患病去世，人们说他是到天上去陪伴自己的父亲了。不久，黄桂珍生了个男孩，取名吉华。失去丈夫的黄桂珍简直不知道自己该怎样活下去。她是家庭妇女，天性单纯善良，从未出去做过事，对社会一无所知。以前是丈夫罩着她，她只要把家事安排好就可以了，现在丈夫突然走了，她真的不知道该如何支撑起这个家。好几次她都想追随丈夫而去，可是又实在抛不下膝下 5 个年幼的孩子。朱作同留下的钱不多，黄桂珍只得把家里的保姆、奶妈、保镖和司机等一一辞退了，依靠变卖家产度日。她先是把朱作同的车子卖了，接着卖衣服、卖首饰、卖家具，有限的家产几乎被她变卖殆尽，没办法，家里的 6 张嘴巴天天等着吃饭呀。我简直无法想象这个坚强的母亲是怎样把 5 个孩子一个个抚养长大的。

黄桂珍苦苦地支撑着，终于捱到了解放。1951 年，在华山路复旦中学读高二的长子启华参了军，当时还被登报表扬。之后黄桂珍以军属身份参加了里弄工作，但依旧没有固定收入。直到 1953 年，徐汇区人民政府民政科将她安排到泰康路食品公司做季节工，才有了正式收入，但毕竟杯水车薪，依旧难以维持一家 5 口的生活。其间，黄桂珍还把楼下面向花园的两间朝南的客厅送给居委会办托儿所。1958 年黄桂珍分到上海牙膏厂工作，一家人靠着她微薄的工资，得以勉强糊口。孩子们一天天长大，为了贴补生活，她把楼上两间亭子间、三楼的阁楼和楼下的车库也一并租了出去，一家6口人住在仅剩的原先的两间分别为28平方米和27平方米的卧室里。美莎和美春初中毕业后因家庭困难无法继续上学，也分别参加工作当了工人。朱美春说："'文革'中，家中原先一间27平方米的住房被负责我们家住房的房管所造反派强行收走，全家人只能挤住在仅剩的一间28平方米前楼里。"这就是我看到的如今美春一家的居处。美春告诉我说，当时，这间28平方米的屋子里住着老母亲、大哥启华的女儿、美春夫妻和两个孩子，在外地工作的美莎带着女儿回来探亲时，也住在这里，一共8个人，晚上睡觉只能打地铺。就这样，黄桂珍历经坎坷，养大了5个孩子，在武康路63号一直住到2013年，九十八岁高龄时逝世。

现在朱作同的5个孩子都生活得很好。我见到的美莎和美春，都已是八十岁左右的人了，她们思维敏捷，腿脚灵便，每天骑着自行车出出进进。比起妹妹，美莎似乎更喜欢打扮，她一头卷曲的长波浪，穿着时尚，脚上蹬着靴子，根本看不出她的年龄。美莎的独生女在美国旧金山一家大公司工作，女婿在上海，外孙在美国旧金山州立大学上学。大儿子朱启华从部队转业后在江西南昌当全科医生，媳妇是上海知青，现在也在同一家医院当护士，他们有一个儿子、两个女儿。大女儿在香港，儿子和另一个女儿在江西工作。美春生了两个儿子，毕业于上海大学美术系的大儿子开了一家设计公司，孙女从新加坡大学毕业，做服装设计工作；小儿子

朱作同和妻儿（朱作同家人提供）

朱作同和孩子们在家中花园（朱作同家人提供）

在澳大利亚。朱作同第四个孩子即女儿美冬也有两个儿子，现在她和小儿子一起住在静安新城。遗腹子吉华从南京梅山企业退休回来，一个儿子，在深圳，孙女在读中学。朱作同一家人丁兴旺，足以告慰九泉之下的朱作同先生了。

在朱家我看到了美莎、美春珍藏着的父亲和家人在一起的照片，其中有一张是朱作同、黄桂珍和他们的小儿子的合照。照片上朱作同清隽儒雅，黄桂珍漂亮贤淑，孩子活泼可爱，俨然一对恩爱幸福的神仙伉俪。还有一张是朱作同和他的孩子们在武康路 63 号花园里的照片。照片上朱作同坐在一张宽大的藤椅上，手里抱着两个孩子，右边是老大美莎，左边是老三美春。朱作同一副悠然自得的神情，全家人其乐融融。

新中国成立后，当年和朱作同共同办报撰写抗日救国文章的梅益担任过中央广播事业局党组书记，钟望阳担任过上海市文联党组书记，当年资助朱作同创办《华美晚报》的蔡晓弟是工商联民主人士。

往事如烟，随风而逝

周立民

一

李安电影《色丨戒》里的镜头：面对着鸽子蛋似的戒指，王佳芝心有所动，放走了老易，接着她匆匆叫了辆黄包车，"到福开森路去！"——电影里，导演把两个人的爱巢设在武康路 99 号这座花园洋房中，于是，它又火热地进入人们的视界。

电影是致幻剂，经常地让现实漂浮起来。张爱玲的小说里，写的明明是去"愚园路"：

平安戏院前面的场地空荡荡的，不是散场时间，也没有三轮车聚集。她正踌躇间，脚步慢了下来，一回头却见对街冉冉来了一辆，老远的就看见把手上拴着一只纸扎红绿白三色小风车。车夫是个高个子年青人，在这当口简直是个白马骑士，见她挥手叫，踏快了大转弯过街，一加速，那小风车便团团飞转起来。

"愚园路。"她上了车说。

幸亏这次在上海跟他们这伙人见面次数少，没跟他们提起有个亲戚住在愚园路。可以去住几天，看看风色再说。

三轮车还没到静安寺，她听见吹哨子。

"封锁了。"车夫说。(《色，戒》，《张爱玲集·郁金香》，北京十月文艺出版社，2006年，第413—414页)

是李安太喜欢武康路99号，还是有别的原因？

仅仅从建筑设计而言，这座房子就令人难忘，它是沪上英国乡村别墅式设计风格的代表性住宅之一。这类住宅的特点是：山墙和外墙上有半露木构架，红砖勒脚，屋顶高大而且坡度比较陡，用红瓦铺屋顶，黄色或白色粉刷墙面，墙角有的用红砖镶嵌。这类房子通常占地面积较大，庭院开阔，花园草木丰富。(参见沙永杰等：《上海武康路》，同济大学出版社，2009年，第44页)武康路99号这座房子建于1928年，历经风雨，仍然保持着当年的风貌，它的设计者思久生洋行也值得记上一笔。这是上海较为著名的外籍建筑师事务所之一，外滩的怡和洋行新楼(1920年)、四川路桥头上的上海邮局(1924年)都出自它的设计。

武康路 99 号建筑西立面

武康路99号建筑局部

　　无论从武康路，还是复兴西路走过来，远远地都能看到这座房子的尖顶，红砖，夏天是枝繁叶茂的树木，秋天落叶飘转，与山墙上红红的木头相映成趣，给整条街道增添了很多遐想和惬意。想到九十年来，在时代大潮里，住在这里的主人命运浮沉，更是让人有一言难尽的感慨。

二

　　只有永久的住宅，没有永久的主人。

　　这座宅子外面所附的铭牌介绍上说，这里是正广和大班、全国政协副主席刘靖基的住宅，其实，在这里住过的人和机构，扳着指头算，真不算少。

宅子是英商正广和汽水公司大班麦格雷戈最初建的，那正是正广和汽水风靡上海滩的时候，这座房子也显示了主人的经济实力。据说，抗战期间他被日本人关进集中营，而"落水"的汉奸，原上海江海关监督唐海安趁机拿到了房子。唐海安本是宋子文"生钞票的机器"，两人关系密切，坊间有本《汉奸丑史》，他是册上有名的人物。其中说他是纨绔子弟，时常混迹交际场所，常常围着交际花、红舞女、电影明星转。据说曾追求过胡蝶，一时间各种消息沸沸扬扬，怕宋子文得知，后来有所收敛。不知是贪图享受还是什么，抗战全面爆发后，他竟然没有随宋子文西撤。利欲熏心，遂附逆，宋子文函电劝止，唐海安以"此一时，彼一时"来搪塞，没有办法，虽说造化弄人，其实人的命运也是自己选择的。抗战胜利后，唐海安自然难逃牢狱之灾，后来经疏通去了香港，死在那里。

此时，这座宅子又易手另一个大户人家。宋路霞在《上海洋房》一书中写道：

　　1947年，一对年轻的夫妇买下了这处花园洋房（当时买价20万美金），女主人是"面粉大王"、"棉纱大王"荣宗敬的女儿荣卓如，男主人是著名犹太富商哈同的儿子乔奇·哈同。荣卓如天生丽质，中西女中毕业后考入震旦大学，读商科，1942年大学毕业，1947年结婚。他们把房子重新装修了一遍，所有的地板和护墙板均换成柚木的，还在三楼布置了一个台球房，因为乔奇·哈同喜欢打台球。那个球台是从法国定制的，非常考究，有"上海第一台"之美誉。他们夫妇有四个孩子，大女儿就出生在这栋洋房里。(《上海洋房》，上海辞书出版社，2010年，第157页)

据宋著说，荣氏夫妇在1949年去香港，此房后来归为房管所管辖，成为市委招待所，一些外地来沪的领导都曾住过。我在网上看到过一帧照片，是1951年，张云逸在此休养，当年11月，刘少奇前来探望，两人立在楼前所摄。此后，潘汉年、魏文伯也曾在这里住过。1957年，它又拨给文化局，此后直至1965年，上海声乐研究所在这里办公。20世纪70年代，这里又成为空军体检机构。"文革"后，刘靖基原宅被占，这里成为他的新宅。

三

刘靖基是一位实业家。青年时代，办纱厂、办水泥厂，和同时代人一样，都有一个实业救国的梦想。在历史转换的年份里，他凭着一个商人的本能，去了香港，看看是否有设厂的可能，准备将工厂迁移到那里。在香港，他遇到了黄炎培等人，通过他们之口，了解到中共保护民族工商业的政策。他不能没有疑虑，然而多年的心血和事业的基础，不想轻易放弃，就这样，刘靖基踏上泛美航空从香港到上海的最后一班飞机。回到上海，刘靖基就收到上海警备司令汤恩伯的通知，要他全家限期迁离大陆并送来飞往台湾的机票。然而，此时刘靖基留在大陆的决心已定，为预防不测，他按照要求只身来到机场，佯装离沪，等飞机起飞后再悄然折回，躲进医院，留下来迎接上海解放。（参见王文佳：《刘靖基："回上海迎接解放，平生最大的选择"》，《联合时报》2014年9月30日第2版）1952年，他趁出席在维也纳召开的世界和平大会之机，又把新中国成立前留在香港和海外的全部机器、原料和资金调运回沪，扩建了上海的安达纺织新厂和化纤厂，并于1953年率先申请公私合营。可以说，在新中国的建设中，有他前半生的全部心血和后半生的不懈努力。

多少年过去，对自己的选择，他始终无悔。

然而，历史从来都不是风平浪静的，一个人既然躲避不了它的惊涛巨浪，那么，只有该如何面对它们的问题了——这或许就是个人的选择。"文革"来了，抄家发展到打砸抢的时候，他最为焦虑不安的是他多年来精心收藏的书画。这里面有很多稀世珍宝，如果就这样被无知撕毁，那是对民族文化的犯罪。情急之下，他想到了"捐献"，把它们捐献给上海博物馆。从个人而言，他失去了它们；然而，从国家而言，它们毕竟有了自己的归宿。试想，哪一位藏家对自己的每一件藏品，不都抱着亲生儿女般的感情？虽然有了托付，可是，想象一下，当工作人员清点完毕，用卡车将数千件书画拉走时，刘靖基是什么心情？

风暴过去后，一切都在恢复它的本来面目。刘靖基一家搬到了武康路99号，在这里，他又做出了一个新的决定。上海博物馆并不乘人之危，而是要发还当年拉走的这批书画，这对刘靖基简直是天大的惊喜。自己的书画，不仅回来了，而且有的还被重新装裱。面对着这样的精心保护，老人异常感动，他要为国家捐书画，这次没有人逼迫，是他自愿的。

经过慎重考虑，他将四十件宋、元、明的重要书画作品捐献出来。其中有宋代张即之的《行书待漏院记卷》、元代赵孟𫖯的《行书十札卷》、元代倪瓒的《六君子图轴》，还有董其昌的《秋兴八景图册》、陈洪绶的《西园雅集图卷》等，有人曾评价这批书画，件件都是精品。

在捐献仪式上，刘靖基有一个发言：

> 过去收藏家常常打了一个"子孙永保"的图章，其实历代没有一家的子孙能永远保存，否则这些书画也不会到我手里，通过"文革"浩劫，使我认识到所有文物，只有国家才能"真正永保"。
>
> 现在国家留下的件数不多，而把大部分退还给我，今天还举行授奖会，使我惭愧万分。如果国家对我的收藏还有需要的话，可再向我提出来。历代先人的艺术结

晶，终究还是应该属于人民的。(郑重:《书画相伴度终生——上海书画收藏家刘靖基》，《上海文博》论丛 2003 年第 1 期)

也许，"子孙永保"之物是不存在的，一切物质上的东西，都会有化作云烟随风而逝的一天。然而，子孙永保的精神，是可以流传下去的。这样的襟怀，这样的历史眼光，也让武康路的旧事在岁月的漂洗中永不褪色。

王元化的早年寓所

惜　珍

　　王元化是一位在国内外享有盛誉的著名学者、思想家、文艺理论家，在中国古代文论研究、当代文艺理论研究、中国文学批评史、中国近现代思想学术史研究上开辟新路，做出了开创性的贡献，是中国1949年以来学术界的标志性领军人物。他曾任国务院学位委员会第一、二届学科评议组成员，华东师范大学教授、博士生导师。在学术上卓有建树的王元化，其命运却十分坎坷，因为胡风案的牵连，他经历了长达23年的厄运。

　　武康路上有王元化曾经的家，坐落在武康路100弄里，是新中国成立初期由上海市委机关分配给王元化住的，他在那里度过了生命中最美好的一段短暂日子。

一幢三层英式乡村别墅

　　武康路100弄建于1918年，是当时来沪发展的美商德

武康路 100 弄建筑东南立面

20 世纪 20 年代武康路 100 弄建筑南立面

士古石油公司为其高级职员建造的公寓，建筑为欧陆风格的
花园住宅。这是一条幽静宽阔的弄堂，弄堂周围有奶黄色间
隔红砖的矮墙。两扇高大坚固的铁门隔断了尘嚣，门两侧是
两根花岗岩镶嵌红砖墙的粗大柱子。弄内共有 4 幢三层英式
乡村别墅式住宅，其中 1 号与 2 号联立，3 号与 4 号联立。
高大的棕榈、广玉兰、香樟树等在弄内洒下一地浓荫。住宅
山墙和外墙上均有半露木构架，红砖勒脚，屋顶高大而且坡
度较陡，干粘石墙面，门前有五级台阶。住宅底楼南向有连
续拱形敞廊，二楼有宽大的长长的带木制栅栏的内阳台，面
向一大片绿荫草坪，向内通往红色砖墙间隔的几扇木质百叶
门，斜坡顶有裸露木构架，一侧有木质百叶门通往楼梯间，
楼梯护栏有着精致的雕花图案。三楼为斜坡屋顶，同样有裸

露木构架，住宅顶部有小露台。北面入口较小，门前有简单的廊柱和五级台阶，廊柱上部设置阳台。与同一条路上的西班牙式住宅相比，武康路100弄的英式别墅占地面积较大，南向有窄长的庭院，绿茵茂盛，环境幽雅，与住宅南立面的敞廊和阳台形成开敞的空间感，联立的两户住宅之间以规整灌木或竹篱笆墙分隔庭院。步入其间，浓浓的田园风情扑面而来。

1949年新中国成立前夕，外侨撤离回国。上海解放后，该房产由上海市委机关安排给华东局高干居住。弄内1号的花园洋房分配给了王元化。当时住在武康路100弄的还有在解放战争时任三野24军副政委，亲自参加并指挥了淮海战役，新中国成立后任上海市委宣传部第二任部长的彭柏山。

王元化在这里住的时间并不长，1955年6月，他因胡风案被审查继而隔离的那一天，就是从武康路100弄走着去文委机关的。蒙冤受屈的王元化多少年后依旧清楚地记得他被带走的那天，武康路100弄1号家门前院子里正对家中阳台的那棵大树上浓荫密密的树枝上挤满了老鸹，叽叽喳喳地一片乱叫。然而，武康路的这幢花园洋房里却留存着王元化和他的妻子张可无忧无虑的一段美好岁月，虽然是如此短暂。

清华园里走出的桀骜不驯青年

祖籍湖北江陵的王元化1920年11月30日出生在武昌

王元化（1920—2008）

一个信仰基督教的知识分子家庭，他的祖父母与父母都是虔诚的基督徒。父亲王芳荃是上海圣约翰大学第一届毕业生。1906年，王芳荃与桂月华结婚，是年东渡日本，在东京志诚学校教授英语。1911年回国后，王芳荃进入清华留美学堂教授英语，两年后赴美留学，在芝加哥大学获教育学硕士学位，1915年回到清华继续任教。王芳荃所教的学生中有梁思成、闻一多、陈植等。此后，他又先后在东北大学、北方交通大学任教授。

王元化有三个姐姐，分别是王元霁、王元美与随母亲姓的桂碧清。二姐夫是戏剧家杨村彬。王元化未满周岁就跟随母亲由武昌至北京与父亲团聚，全家定居在清华园南院12

号的教职员宿舍。清华南院的院子呈四方形，四面的房子分为曲尺状的两大片：西南边是中式房，东北边是洋房。当时学校里的中国教授大都住南院，拖着一根长辫子的王国维就住在南院的中式房内，陈寅恪、赵元任等学者和校长梅贻琦一家则住在南院的洋房里。北院住的大多是外国教授。节假日，清华园里的中、外教授们常常聚在一起开派对，王元化也因此结交了很多同龄的小朋友，大家常常一起到清华的大礼堂排戏。夏天，他和姐姐们一起去清华园工字厅对面的山上挖蚯蚓、钓鱼，去圆明园找印着松针花纹的美丽石头，冬天到工字厅的荷花池里溜冰。当年，清华园里中国人和西方人相处愉快的场景深深印在了童年王元化的脑海里。

王元化五六岁时，因北伐军兴，全家来到上海，暑假后又回到北京。在此期间，王元化常被喜爱京剧的外祖母带到剧场去看戏。1927年，国民党派罗家伦接管清华大学，父亲王芳荃与罗抵牾，愤而辞职，去东北大学教书。全家搬出清华园，住在北平东城报房胡同。王元化则单独寄居在清华园西院六姨母家，仍在清华附小成志小学读书。1929年，九岁的王元化离开了熟悉的清华园，回到北平城里父母家中，转学到孔德小学、育英小学读书。在育英小学五年级时，因患麻疹，在家养病，父亲给他买来石印本七十回《金批水浒传》，这是王元化第一次阅读中国古典小说。进入初中后，语文老师阎润之选择鲁迅的《孔乙己》《故乡》等为教材，这是王元化第一次读到鲁迅作品，从此留下了深刻的印象。因为喜欢鲁迅，小元化在家里房间的墙上贴满了鲁迅像。1932 年，日军觊觎关内，蠢蠢欲动。王元化跟随全家逃难到湖北，寄居于武昌华中大学舅父桂质庭家。华中大学校长韦卓民是王芳荃的同窗好友，哲学家，康德著作的中文译者。回到北平后，日军在北平恣意横行，王元化上学途中经常见到日军在东交民巷练兵场附近耀武扬威，后来又看到日军荷枪实弹到领馆区域以外练习打靶，坦克也开上大街，市民纷纷走避。这一切在少年王元化心中播下了抗日救亡的种子。

1935 年，十五岁的王元化参加了"一二·九"学生运动。第二年，又加入了"民族解放先锋队"。在育英中学念高一时，王元化被推选主编校刊《课外选课专页》。他第一次发表文章就刊登在校刊专页上，一篇是谈意大利侵犯埃塞俄比亚的战争，另一篇是谈日货走私。那年，因眼底回血管出血，王元化在床上躺了近一年，其间，家里专门请人读书给他听。1937 年七七事变，中国军队开始了历时八年的对日全面抗战。8 月 8 日，日本侵略军开进北平城前，凌晨 1 点多钟，王元化全家逃离北平。王元化冒着很大的风险，偷偷将自己画的鲁迅像和鲁迅编辑的两册《海上述林》携带上了路。因为一直买不到回老家湖北的船票，一家人辗转到了上海。在上海，家里延请周班侯教王元化英文。周班侯教他丁尼生、柯勒律治等所著诗文，又请了任铭善教授王元化国学，教他《说文解字》《庄子》《世说新语》等。王元化将自己写的文章请任先生评阅，任说他的文气急促，王元化后来写文章注意文气大约与此有关。不久，王元化开始了文艺写作，第一篇作品《雨夜》发表在《文汇报》副刊《文会》上。当年11月，上海租界沦为"孤岛"。

王元化小时候，父亲逐月给他存下一笔钱作为他将来出国留学的费用。但少年王元化却违背了父母要他出国留洋读理工科的愿望，叛逆地走上了另一条道路。1938年初，十八岁的王元化加入了中国共产党，在隶属江苏省委的文委领导下的上海戏剧交谊社工作。1939年初，王元化随上海各界救亡联合会组织的慰问团赴皖南新四军驻地慰问，回沪后，他根据在皖南所收集的材料撰写了长篇论文《艺术·宣传·戏剧》。同时，他又在"孤岛"上海开展文艺通讯运动，写下了许多文艺理论方面的论文，并编辑出版了《抗战文艺论集》。那时的王元化，热情似火，充满革命的激情。在上海，他一方面从事党的秘密工作，一方面以"王少华"的化名为掩护，在地下党办的储能中学担任高中国文教师，每天骑自行车去上海储能中学教授国文与文学概论。日本宪兵队注意到这所学校，逮捕了教师，王元化只能立即离校。

抗战胜利后，王元化与满涛在《时代日报》合编《热风》周刊。停刊后，又在《联合晚报》与楼适夷、满涛合编文学周刊《奔流》。当年秋天，王元化在中共地下文委宣传组负责文艺工作时，还在当时的《联合晚报》主编过《夕拾》副刊。后来，他因执笔发表一篇就"美国兵杀害三轮车夫臧大咬子一案的不公审理"而"痛斥奴颜婢膝的检察官是'走狗的走狗'"的犀利杂文《丑》，而"惹下了祸事"，被迫离开上海，北上北平。在北平，他一面从事党的地下活动，一面在国立北平铁道管理学院（今北京交通大学）任讲师，教授大一和大二基础国文，并师从汪公岩教授，潜心于"《文心雕龙》创作论"的研究。

邂逅苏州书香人家出身的张可

王元化不但很早就参加了革命，而且还曾经在粉碎"四人帮"后，做过中共上海市委的宣传部长。而这，并没有影响到他的治学和思想成果。1998 年，王元化和巴金同时获得了第四届上海文学艺术杰出贡献奖。

学界素有"北钱南王"之说。北是指钱锺书，王就是指王元化。细细想来，王元化与夫人张可确实和钱锺书及夫人杨绛有着许多相似的地方。作为文化伉俪，他们的共同点是学问做得深，名利看得淡，彼此的结合谱写出的是"执子之手，死生契阔"的动人乐章。伴随王元化一生的张可虽历经坎坷和苦难，却丝毫未改变她高贵的气质与品性。她犹如一株幽兰无论被遗弃在哪里，始终默默地散发着淡淡的清香，她与王元化先生历经劫难而美如钻石的婚姻令人感叹唏嘘。

和王元化一样，张可也有着显赫的家世。

张可原名张万芳，1920年出生于苏州一个书香世家，伯祖父是民国初年曾任大总统府秘书长的张一麐，祖父张一鹏曾任蔡锷秘书。父亲张伟如留美学化学归国，与蔡元培之子蔡无忌共事于上海商检局，哥哥是著名翻译家满涛（原名张逸侯）。从小受过良好教育的张可在十六岁那年考进了上海暨南大学攻读英国文学。暨南大学是一所拥有郑振铎、孙大雨、李健吾、周予同、陈麟瑞等教授的大学，学风淳厚。十八岁的张可被本中展现出来的共产主义理想深深吸引，梳着两条小辫，穿着烫得平平整整的裙子，怀抱着对心中自由富强的新中国的憧憬加入了共产党，从此全力投身革命。那时，张可主要在上海戏剧界从事抗日活动，她以范方的笔名翻译出版了奥尼尔的剧本《早点前》，并演出了其中的主角罗兰夫人，还演过曹禺的话剧《家》里的梅表姐，排演过外国话剧《锁着的箱子》、于伶的话剧《女子公寓》、吴祖光的话剧《风雪夜归人》等。

1938年春天，王元化在平津流亡同学会做联系文艺界的工作。平津流亡同学会分许多小组，各小组要排点戏。张可那时候是暨南大学的学生，在演剧队。剧社常到难民收容所演一些抗战救亡的戏，称为"国防戏"；有时候也去步兵营演出，比如收容八百壮士的四行仓库，当时称作"孤军营"。王元化第一次看见张可是在平津流亡同学会一个清华来的姓黄的学生家里，那是在复兴中路襄阳路口的一条弄堂里。素面朝天、不施粉黛的张可剪着齐肩短发，穿一件蓝布旗袍，清清爽爽，文文静静。之后，两人因工作关系，有时在蒲石路（今永嘉路口）的小花园里排戏说戏，有时在张可的家里谈文说艺，有时还一起冒着生命危险送地下党的同志到车站码头。剧社的活动主要就是在 1938 年和 1939 年，先是在星星小剧场演，后来，又在星光大剧院演抗日救亡的戏，一般演的是早场，票价很便宜，主要是向老百姓宣传抗日。张可的美丽、温柔、才情让王元化怦然心动，在一次青年友人的聚会中，有人戏问王元化心中的恋人，王元化脱口而出："我喜欢张可。"有着众多追求者的张可闻之不悦，质问王元化是什么意思，王元化一时语塞。张可一生都没有很强烈的情绪，用她哥哥满涛的话说，就是四个字"轻描淡写"。一次，王元化鼓足勇气，对张可说，我要约你谈谈。张可说，好！于是，两人相约在雁荡路的法国公园（今复兴公园）见面。到了公园门口，王元化发现自己没有带钱，便对张可说你买两张票。张可笑着买了，其实张可对王元化也是有意思的。不过，对于身为名门淑女的张可来说，王元化随随便便的行径多少有些让她不习惯，比如一次王元化穿了一条中间没有裤缝的西裤来见她，她就说："你怎么穿了一条卓别林式的裤子就来了，这样不好。"八年抗战期间，颠沛流离的生活使他们顾不上自己的婚恋。当时满涛刚从欧洲回来，他是王元化的朋友，王元化常到张可家去找满涛。一开始张可的家在贝当路（今衡山路）的集雅公寓，后来她祖父在南京西路美术馆对面的裕和坊 4 弄 2 号买了房子，抗战时期地下党文委组织文艺界人士在张可家的客厅里座谈和商办文艺刊物，王元化就常去那里了。抗战胜利前夕，有些追求张可的人问她属意于谁，张可坦然地说："王元化。"

几生修得梅花福

1948年，王元化和张可在上海慕尔堂（今沐恩堂）举行了基督教仪式婚礼。穿着一身白色婚纱的张可被父亲带到毗邻南京路的西藏路慕尔堂里，在装点着无数白色百合花的带回廊的教堂里，张可的父亲把爱女亲手交到了王元化手里。婚礼上，王元化望着身边美丽的新娘心里暗暗发誓要一辈子爱她，让她幸福。张可含情脉脉地望着自己托付终身的人，她知道从此，自己一生的命运将和这位激情满怀又有才华的人连在一起，心里顿觉甜甜的。像所有在教堂结婚的人一样，这对新人发誓不论生病还是健康，贫穷还是富裕，灾难还是幸福，都始终如一，不离开对方直到生命结束。婚礼结束后，他们在当时上海豪华的派克饭店（今国际饭店）度过了难忘的新婚之夜。婚后，王元化带着他的新娘来到了北平，当时，他在北方交通大学教书。新婚夫妻住在北平一个大院子里，两人彼此直呼其名，房东便说："王先生啊，你们两个真奇怪，你叫她张可，她叫你王元化。"王元化就说，我们习惯是如此。其实，在他们热恋时王元化写信给张可时，曾在称呼时去掉了张字，称她为"可"。不料张可收到信后就说，以后不要这样称，还是叫张可。从此，他们就一直彼此直呼其名了。

1948 年 9 月，王元化受命去负责共产党的地下刊物《展望》，这是敌人统治下共产党直接掌握的公开刊物。《展望》总编辑是黄炎培，编辑部设在雁荡路复兴公园大门对面的中华职教社大楼二楼的一间大房间内，王元化负责撰写《周末专栏》。黄炎培和张可的伯祖张一麐是知交，又是亲戚，但王元化却从未向他谈及这层关系，两人相处十分融洽。1949 年 3 月《展望》被查封后，王元化受命负责编辑秘密的地下刊物《地下文萃》，这是上海唯一的进步刊物，以丛刊形式出版，题名《伟大的交响曲》。每逢发稿，王元化常常通宵达旦。在白色恐怖下，《地下文萃》的工作人员一批接一批地牺牲，王元化也只能成天东躲西逃，甚至不能在自家的亭子间里住，身怀六甲的张可冒着生命危险帮助王元化，跟着他到处东躲西藏地逃避国民党的大搜捕，受尽了惊吓。《地下文萃》编完第三期，组织上宣布停刊。

1949 年 5 月上海解放，王元化唯一的儿子也诞生了，取名承义。家有贤妻爱子，王元化沐浴在幸福里，感觉这是一个充满希望的开始。次年，上海所有的地下党员重新登记，经历了生死洗礼的功臣们，将由此进入各级领导岗位。王元化登记了，心想终于可以正大光明地为革命事业施展自己的才华了。张可没有去登记，这个自称"温情主义者"的女人自动放弃了经过腥风血雨十二年的党籍，去上海戏剧学院戏文系做了一个教莎士比亚的老师。

1951年，王元化调至华东局宣传部文艺处。上任后，王元化带着张可和儿子住进了武康路100弄1号的英式别墅。张可一边静心研究莎士比亚，翻译莎学权威文献，一边相夫教子，安心操持着一个美好的家。1952年，王元化参加筹建由群益出版社、海燕书店、大孚图书公司合并组成的新文艺出版社，并调至新文艺出版社任总编辑、副社长，同时任出版局和上海作协党组成员。

难忘香醇浓郁的罗宋汤

张可有着不俗的品位，内心又极度浪漫，入住武康路100弄1号的英式别墅后，家里客厅的桌子上铺着有蕾丝花边的桌布，桌上的花瓶里一年四季鲜花不断，春天是玫瑰，夏日是荷花，秋日是桂花，冬天是梅花，这些美丽的花不动声色地点缀着武康路上英伦风情的客厅。衣服鞋帽摆放得整整齐齐的衣橱里放着熏香，打开橱柜就会闻到缕缕清香。王元化恢复了从前在清华园生活时留下的英国人习惯：在床上用托盘吃早餐，贤淑的妻子张可把准备好的牛奶和面包端上。天气好的时候，张可会在家里宽大的阳台上摆出小圆桌，铺上桌布，亲手磨一壶浓香四溢的咖啡或是泡一壶龙井，桌上的碟子里摆着水果和瓜子点心，温婉地微笑着和丈夫相对而坐。通常，王元化看他的契诃夫小说，张可研读莎士比亚剧本。偶尔，两人会交谈几句。王元化容易激动，张可却不会。常常，张可只是望着他那双被钱谷融称之为"像梵高一样的眼睛"温柔地笑笑，彼此的眼睛里盛满了爱。客人来了，张可也会让他们坐在阳台上，边聊天边享用她精心准备的英式下午茶。

张可做得一手好菜，不过，出身名门的张可结婚前在父母家里却从来没有下过厨。同王元化结婚以后，张可开始尝试着做菜。先是学她母亲喜欢做的一品锅，就是把蹄髈、鸡、鸡蛋、火腿、白菜等放在一起煮，第一次做好后她兴致勃勃地端上餐桌，王元化一尝居然是苦的。后来，张可的菜越做越好，她喜欢留客人在家便饭，那时，武康路100弄的弄堂旁边紧挨着一个小菜场，一出弄堂，闲适的市井气息扑面而来，这也是张可喜欢的寻常生活味道。家里来了客人，张可就挎着篮子到隔壁的菜场里挑选做菜的食材。美丽的张可挎着一篮子绿绿白白红红紫紫的各式荤素菜，中间点缀着一束带露的鲜花，走进弄堂，她整个人和英式别墅的田园气息如此吻合，怎么看都是一道风景。回到寓所，张可先是把鲜花插在灌满水的瓶中，然后就高高兴兴地在厨房里忙。王元化和他的客人们在客厅或是阳台上天南海北地聊天，不知不觉就到了晚饭时刻。身上还围着做菜时用的白围裙的张可热情地招呼客人们来用餐。客人们走进来，见餐厅里已支起了一个很大的圆台面，张可把自己精心烹制的一桌子色香味俱全的菜肴，装在精致的擦得亮亮的盆子里端上餐桌。大家边享用边继续他们的话题，直至夜深。张可依旧笑盈盈的，没有丝毫不悦。张可还喜欢用西菜待客，意大利红烩面、葡国鸡、炸猪排等都是她拿手的，尤其是那一大锅俄式乡下浓汤，俗名罗宋汤，香醇浓郁，喝后令人齿颊留香，来他家的客人常常喝了一碗，意犹未尽，还会要求再添一碗。

新中国刚成立那几年，许多知识分子出身的年轻共产党员意气风发，满怀激情，王元化就是其中的一个典型，他那楚人血脉里的傲岸、激情与才学，因为迎来了革命的胜利更加锐不可当。温婉的张可冷静得多，在王元化气宇轩昂、侃侃而谈的时候，张可在旁边安静地看着他，洞悉一切般地微笑着，然后对他竖起自己修长的拇指，对他摇晃："对，对，你总是'我，我，我'，你是最好的，你不得了。"话语间蕴涵着批评，更多的却是爱护和包容。然后，张可温婉地笑笑，飘然走开。常来王元化寓所的客人中有胡风，他们意气风发，激情澎湃。天性温和的张可虽然很不习惯胡风飞扬跋扈的做派，但善良的她尊重丈夫的客人，从来不会轻易流露出半点不满，依旧客客气气地招待着他们，履行着一个知识妇女和家庭主妇的纯净和礼数。和王元化的容易急躁不同，张可即便不开心也不作声，她不喜欢表露自己的内心世界，她的话很少，也从来没有跟人红过脸。

王元化和他的夫人张可在武康路100弄美丽宁静的英式

乡村别墅里优雅地走到了 1955 年。

风雨中相濡以沫迎来天晴

　　王元化因为胡风案被隔离后，张可带着儿子也离开了武康路 100 弄，搬到位于高安路肇嘉浜路口的高安路 100 弄新造的工房里，与另一户人家合住一套房子。从此，他们再也没有回到武康路 100 弄 1 号的英式乡村别墅里。

　　王元化被隔离审查期间，先是在复兴路新康花园，后来又转移至香山路龚品梅神父的花园洋房里。王元化被关的那个花园正对着他母亲家卫生间的窗口，中间仅隔一条马路，可是家人却很长时间不知道王元化被隔离的地方。一次，很偶然地，母亲从自家窗口看到了对面院落中的王元化，从那以后，家人常常透过那扇窗户看他。一个冬天，母亲看到王元化穿着一条米色的单裤，不停地在雪地里走啊走，当时，母亲心中那种兴奋、惊异、心疼的心情无法诉说。

　　王元化被关押到 1957 年 2 月才被释放回家。释放后的王元化精神受到严重创伤，出现幻听幻觉，真假难辨，靠着张可慢慢调养，求医问药，一年后才基本恢复。王元化的家虽然已从武康路英式乡村别墅搬到了简陋的工房，但在张可的打理下，家里干净整洁依旧。桌上还是铺着洁白的桌布，衣橱里依旧有熏香，比以前更加温柔体贴的张可还是让王元化在床上用托盘吃早餐，虽然那时他只有少量的生活费，但张可还是经常会为他做意大利茄汁面和罗宋汤。除了在家看书，王元化还与父亲共同翻译了英国人所著的《太平天国革命亲历记》。接着，他又和张可一起翻译了20余万字的西方莎士比亚评论文章，还撰写了《论莎士比亚四大悲剧》——《汉姆莱脱的性格》《奥瑟罗的悲剧》《李尔的蜕变》和《麦克佩斯的沉沦》。那段日子，王元化和张可一同在莎士比亚的艺术世界里遨游，对于横遭厄运的王元化，这无疑是一剂良药，慰藉了他被抛弃在荒野中的灵魂。

1959年底，对王元化的审查结论下来，他被开除党籍，行政降六级。之后，王元化被安置在作协文研所。从此他天天要去上班，不能再由着自己的兴趣去读书了。他的研究方向转向了《文心雕龙》方面，一直延续到"文革"后的20世纪70年代末他的《文心雕龙创作论》出版为止。

1979年，王元化平反前，到中国大百科出版社上海分社工作。他最初负责"文学卷"编务，平反后，任中国大百科出版社上海分社领导小组成员，并兼任《中国大百科全书·中国文学卷》分编委副主任。6月，张可突然中风，昏迷7日，后经抢救脱险，但留下严重的后遗症，不能用脑，读书俱废，此后家务多由王元化承担。11月9日，王元化作为特邀代表出席全国第四次"文代会"期间，得上海代表团团长陈沂转告平反通知。至此，王元化历经二十三年的冤案终得洗刷清白。

1983年6月，时年六十三岁的王元化出任中共上海市委宣传部部长。两年后，王元化不再担任宣传部部长一职。这一年他开始带博士研究生，并潜心研究学问。2006 年 8 月 6 日，张可在上海逝世。2008 年 5 月 9 日，八十八岁的王元化在上海逝世。此时，离张可去世还不满两年。

我想，优雅贤淑的张可一定在天上备好了英式下午茶静静地等待着他。

巴金的家春秋

周立民

我经常沿着高安路，穿过淮海路，走上湖南路，来到武康路 113 号。

这是一条两旁栽满梧桐树的路。入秋，有雨的日子，路面上飘零着一片片落叶。深秋时节，风追逐着黄叶从脚边跑过。到淮海路口，人和车都多起来了，仿佛一下子把我从宁静的个人世界推到了滚滚红尘中，眼前的一切在瞬间让我迷失了方向，但常常也让我在恍惚中又有时空错乱的感觉。

不知道几十年前，这个路口是什么样子？因为我的目的地是巴金的家，在绿灯亮起前的一刻，我常常想在眼前的人流中寻找巴金的身影。"一个小老头，名字叫巴金。"这是他为一幅画像的题词，我不曾见过他走路的模样，是健步如飞，还是步履蹒跚？这个离巴金家这么近的路口，是否能捕捉到他的身影？

四五十年前的情景从眼前掠过，在匆匆的人群中，我想

巴金故居

象着、寻找着，就这样走过湖南路，在武康路口右转，来到了巴金的家门前。

呈现在你面前的是高高的院墙，一扇大铁门，还有一幢为树木环抱着的小洋楼。这就是武康路 113 号巴金故居。1979 年，巴金的友人、翻译家杨苡曾以带着情感的笔调，描述了这扇门和这座为诸多中外人士所熟悉的房子：

> 我站在一个油漆得崭新的大门前。这是一条幽静的街道，完全摆脱了这个城市的喧嚣。我仔细端详着那新装的电铃，忽然发现庭院里那棵棕榈树已经长得那样高大了，一扇扇大叶向墙外探身，仿佛在告诉路人，在这漫长的岁月里，它默默地承受着风暴，却不曾被摧毁，一如庭院内它的主人。（杨苡：《坚强的人——访问巴金》，《新文学史料》1979 年第 4 辑）

一、武康路 113 号的身世之谜

这座房子建于 1923 年，据说最初的主人是英国人毛特·宝林·海（Maud Pauline Hay）。巴金研究专家李存光有一次路过这里说：1923 年恰恰是巴金离开四川老家来到上海的年份。这是一个很有意思的巧合，好像这栋房子早就为巴金准备好了似的。不过，它在这里等了 32 年，巴金才搬进来。

1955 年，找房子曾是巴金夫妇反复讨论的话题。1955

年 7 月 3 日，萧珊致信在北京开人大会的巴金："靳以说他们那里有一个四间头的公寓，你自然不要。"四天后，巴金的回信中谈了他对房子的要求："房子暂不搬，我希望能在明年初找到弄堂房子或小洋房搬家。我希望靠土地。公寓房子漂亮而不合我的要求。"两天后，萧珊的信中又涉及找房子的事情："蒲园的房子已经出租，300 单位一月。靳以说如果我们要以后可能有。但那地方地基不好，常常做大水。"（萧珊 1955 年 7 月 9 日致巴金信，《家书：巴金萧珊书信集》，浙江文艺出版社，1994 年）或许这所房子，他们以前去看过，没有下决心租下。另外，这也可以看出，与巴金亲近的朋友们都在为他留心房子。

长久以来，人们对于巴金什么时候租住武康路 113 号的房子，一直语焉不详，只认为他们一家是 1955 年 9 月搬进来的，但没有更为确切的证据，我一直觉得这是个挺大的遗憾。想不到，前几天在整理巴金先生书桌中的资料时，突然发现三张房租收据，偏偏就是最初承租时的收据，不禁让人喜出望外。这张凭条是用英文打字，有 A. Springborg 的手写签名，上方有中文写的一行字，复述了英文内容，后面还有明细。

全文如下：

今收到上海武康路 113 号房屋 1955 年 7 月 22 日至 1955 年 12 月 31 日止房租计人民币肆佰玖拾元零壹角正，此据。

另外两份格式与此差不多，1956 年 3 月 10 日签署的是："今收到上海武康路 113 号房屋 1956 年 1 月 1 日至 1956 年 3 月 31 日止的房租计人民币肆佰叁拾贰元陆角正，此据。" 1956 年 6 月 10 日签下的是："今收到上海武康路 113 号房租，自 1956 年四月一日起至 1956 年六月卅日止，计人民币肆佰叁拾贰元陆角正。"

根据这三份收据和后面的明细，我们可以掌握这样一些信息：

1. 巴金是从 1955 年 7 月 22 日开始承租这座房子的；8 月 9 日，他去付了房租税（这笔费用最终由房主承担，因此予以扣除）。

2. 当时这个房子每月的房租是人民币 144.2 元。

3. 涉及这座房子的历史，这座房子的房主是毛特·宝林·海（Maud Pauline Hay），后来他回到英国后去世，由其夫人托付给其代理人 A. Springborg 来代管（据说为丹麦人）。

接下来的问题是巴金一家搬进来之前，这座房子是做什么用的？有资料说：武康路 113 号，建于 1923 年，于 1948 年改建，1950 年至 1955 年曾作为苏联商务代表处，这是不确切的。2016 年秋天，我有幸联系到武康路 113 号的老住户李效朴，据他回忆：1950 年到 1954 年左右，他们家住在这里。李效朴是李研吾之子。李研吾（1916—1987），山东莱西人，20 世纪 30 年代参加革命，曾任山东省潍坊市委书记，1949 年南下解放上海，是上海南市（邑庙）区委书记。李效朴清楚地记得，1953 年，领导干部不准佩带武器，父亲有一把手枪即将上缴，颇有依依不舍之意。一天清晨，父亲喊醒他，提着驳壳枪来到花园角落的一口水井旁，朝井里放了十几枪，又把着他的手打了几枪。（李效朴：《父辈和我的收藏往事》，未刊稿）武康路 113 号花园的东南角，这口井至今仍存。李先生还向笔者提供说，他知道 1949 年上海解放后，至少还有两家住过这里，一家主人是刘坦，曾任中共上海市委组织部副部长；一家主人是李干辉，曾是省港大罢工和百色起义的发起者之一。至于他们入住前房子的情况，他也不太清楚。（李效朴 2011 年 11 月 6 日 18 时接受笔者电话采访时提供的信息）

在一份 1947 年出版的《上海市行号路图录》（一名《商用地图》）上，我查到的武康路 113 号为：苏联驻华商务代表处和影片出品协会两个机构。后一个机构是什么，尚无实据，但据巴金的家人回忆，原来连着这座房子客厅的是一个小房子，就是电影放映室，巴金的儿女住进来时，这个房间放满了小人书，这里曾是他们童年的乐园。巴金的日记记载，这间放映室直到 1978 年 6 月 27 日房屋大修的时候才拆除（巴金 1978 年 6 月 27 日日记）。这似乎印证了影片出品协会这个机构的存在。从以上的信息中来看，至少还有一段空白时间段，巴金家住进前又是谁在住呢？苏联驻华商务代表处是 1949 年前，而不是之后住在这里吗？徐开垒的《巴金传》中曾这样写："它原为一个法国侨民租用，后来业主退租回国，曾由中共上海市委教卫部使用，恰好这时中共中央为改善知识分子居住条件，请上海市委拨出一部分房屋给各有关单位，这座房子也就腾了出来，交给作家协会让巴金考虑。……这样，在一九五五年国庆前几天，全家就从淮海坊搬了过去。"（徐开垒：《巴金传》，上海文艺出版社，2003 年，第 439 页）这部《巴金传》完成于巴金生前，又有很多史料得自对巴金的采访，这个说法是否来自巴金呢？

看来，很多问题还是一个谜。比如最初造这座房子的人的身份，他住了多久？在 20 世纪 20 年代初到 40 年代末，这二十多年中都有谁在这里住过呢？暂时还找不到确切的资料支持，希望更多亲历者和历史研究者能够帮助我们，在今后的岁月中解开这些谜。

二、幸福的一家

巴金对新房子很满意，1956 年初，黎之曾跟随林默涵到南方各地了解情况，对巴金的"大房子"印象颇深："记得巴金住的是一幢小花园洋房。我们去时他正带着一个小女孩在院子里玩。在他那里坐了一个多小时。巴老主要谈他的工作、写作环境很好，他带我们看了把一个小阳台改造成的书房。临别时顺便还参观了一下他的一楼藏书室。"（黎之：《文坛风云录》，河南人民出版社，1998 年，第 47 页）刚搬不久，巴金曾写过他们一家人的生活：

我坐在床沿上对五岁的男孩讲故事，躺在被窝里的孩子睁大眼睛安静地听着，他的母亲走过来望着他漆黑发亮的眼珠微笑。孩子的十岁的姐姐练好钢琴上楼来了，一进门就亲热地唤"妈妈"。母亲转过身去照料女儿，带着她到浴室去了。楼下花园篱笆外面响起了一对过路的青年男女的快乐的歌声，歌声不高，但是我们在房里听得很清楚。……

我走到隔壁书房里，在书桌前坐下来，拿起笔……我觉得全身充满幸福的感觉。……我们愿望各国人民都过着幸福的生活。……我们仍然愿望和平与建设给全世界带来幸福和繁荣，愿望各国人民依照自己选择的生活方式，发挥自己的力量和智慧，共同为我们的下一代安排一个无限美好的未来。（巴金：《一九五六年新年随笔》，《巴金全集》第 14 卷，人民文学出版社，1990年，第 384—385 页）

这个家中，巴金每天活动很多，操持家的是女主人萧珊，她与巴金的恋爱传奇和人生遭际，读过巴金那篇著名的《怀念萧珊》的人都会了解，我就不在这里饶舌了。我想说的是，长期以来，"巴金的妻子"的光环掩盖了萧珊作为杰出的翻译家的身份。巴金说："在我丧失工作能力的时候，我希望病榻上有萧珊翻译的那几本小说。等到我永远闭上眼睛，就让我的骨灰同她的掺和在一起。"她翻译的普希金和屠格涅夫的小说，不论在当时还是今天，都得到人们的推崇。不妨引用几位作家、翻译家的话来说明萧珊在翻译上的成就。曹葆华，早年是一位诗人，后来长期从事马列经典著作的翻译，是位严谨的翻译家。巴金在 1964 年 12 月 24 日致萧珊的信中说："刚才曹葆华来，他患心脏病，在休养，用俄文对照读了你译的《初恋》，大大称赞你的译文。"（巴金 1964 年 12 月 24 日致萧珊信，《家书：巴金萧珊书信集》，第 552 页）协助过鲁迅主编《译文》的黄源也曾对巴金说："她的清丽的译笔，也是我所喜爱的。……她译的屠格涅夫的作品，无论如何是不朽的，我私心愿你将来悉心地再为她校阅、加工，保留下来，后世的人们依然会喜阅的。"（黄源 1973 年 7 月 1 日致巴金，《黄源文集》第 6 卷，上海文艺出版社，2009 年，第 4 页）穆旦也曾经写信给巴金："不久前有两位物理系教师自我处借去《别尔金小说集》去看，看后盛赞普希金的艺术和译者文笔的清新。……她的努力没有白费，我高兴至今她被人所赞赏。"（穆旦 1976 年 8 月 15 日致巴金，《穆旦诗文集》第 2 卷，人民文学出版社，2006 年，第 136 页）穆旦精通俄罗斯文学翻译，我想在这里他不仅仅是在转述两位读者的看法，也代表着他内心的评价。黄裳对萧珊译文的评价是："她有她自己的风格，她用她特有的女性纤细灵巧的感觉，用祖国的语言重述了屠格涅夫笔下的美丽动人的故事，译文是很美的。"他还说："我希望，她的遗译还会有重印的机会。"（黄裳：《萧珊的书》，《黄裳

文集》榆下卷，上海书店出版社，1998年，第172页）

　　作为操持家务的女主人，通过巴金故居收藏的买菜的账本等，看到她为这个家的操劳。还有她对子女的爱。摆放在巴金故居一楼餐厅中的钢琴，正是1953年当萧珊第一部译作《阿细亚》出版后，她用稿费给女儿买的。在一些书信中，还能看到做母亲的"絮叨"："盐李饼一包，盐金枣一包，这东西天热劳动时放在口里很好，五小包发酵粉，一包压缩酱菜（你吃吃，如好，将来可邮寄来），这些东西你或者都不喜欢，会怪我多事，那么原谅我吧，我只是一个普通的母亲。"（萧珊1972年4月25日致李小棠信，《萧珊文存》，上海人民出版社，2009年，第199页）

　　在这个家的每个角落、每一处，从家具，到园中的草木，都能追寻到女主人的踪迹。尽管她已经去世多年，但是在巴金先生的书桌上，一直摆着她的照片；她的骨灰也一直放在巴金的床头，直到2005年11月25日，两人的骨灰掺和在一起洒向了大海。

三、父母与儿女

　　进入巴金故居主楼的门厅，人们往往会直奔客厅，而忽略了进门右转进去的一个小间，这里"文革"前曾是巴金家的饭厅，后来女儿、儿子结婚了，先后在这里住过。现在按照"文革"前的样子恢复了，我想这里不仅有中外宾朋的欢聚，而且还有巴金家庭的美好记忆。单单从这里的一架钢琴和挂在墙上的一帧照片就能讲出很多故事……

钢琴是萧珊用自己的第一部译作的稿费买来送给女儿李小林的礼物。据李小林回忆，萧珊在生她之前看了一场电影《一曲难忘》，回家时不慎摔了一跤，致使她提前降生。不知是不是影片中的肖邦使母亲萌发了让女儿将来做一个钢琴家的梦想，反正她在女儿学音乐上花费了很多心血。（李小林：《〈家书：巴金萧珊书信集〉后记》，《家书：巴金萧珊书信集》，第600—601页）在给巴金的信中，萧珊也曾谈到过女儿学琴的事情："小妹弹琴的成绩很好，只是一暑天过去，天天不练，开学时又忘掉了。"（萧珊1952年7月31日致巴金，《家书：巴金萧珊书信集》，第93页）但那个时候，是用别人家的琴在弹，书信中我还查到萧珊跟巴金议论买琴的事情："孩子们渐渐都长大了，都自己有一套，小妹现在整天都在弄堂里玩，不肯弹琴、念书，但也许是家里没有琴的缘故，在别人家弹，容易养成孩子自卑的心理，我也不勉强她，好在这月底前我们自己有一架琴了，在你回家之时，我要小妹弹给你听好几只小曲子，我要好好的训练她。"（萧珊1952年8月21日致巴金，《家书：巴金萧珊书信集》，第101页）这里说的"月底"应当是1952年8月，可是萧珊的第一部译著《阿细亚》1953年6月才由平明出版社出版，这里有个时间差，莫非信中提到的买琴没有买成？

不妨再多说几句萧珊学俄语的事情。萧珊曾就读西南联大外文系，主修的应当是英语，1949年以后，学俄语成为一种潮流，加上巴金对俄罗斯文学的喜爱，他们家中的俄文书也越来越多。在巴金的鼓励下，1951年3月起，萧珊在上海俄语专科学校夜校高级班开始学习俄文。她曾给远在朝鲜战场上的巴金报告过学习情况："二、四、六，依然上课，我现在又升一级了。俄文愈读愈难，愈觉得生字把握的少，我一定坚持下去。"（萧珊1952年4月16日致巴金，《家书：巴金萧珊书信集》，第64页）一年半以后，她对巴金说："我在俄专算正式毕业了，拿到一张毕业证书，但这只是阁下之功。不是你，我不会想到念完它。《初恋》搞了五分之二，进行很慢，看到你对我文字评价，我更战战兢兢，我多么想获得你一个称赞！"（萧珊1953年11月16日致巴金，《家书：巴金萧珊书信集》，第158页）在整理巴金故居资料中，我偶然找到了萧珊上海俄语专科学校的校徽，现在把它放到了巴金故居的临时展室中展出了；不知道，萧珊的这张毕业证书在哪里——我相信，它一定还在。毕业了，萧珊还在修习俄文，是与同学跟私人学习。"俄专的同学又拉着我去读俄文，我答应了，只是我怕，这会使我工作的进展更慢了，试一个月罢，反正是找私人学。"（萧珊1953年11月27日致巴金，《家书：巴金萧珊书信集》，第162页）在学习俄文的过程中，萧珊也开始了翻译工作。巴金在朝鲜的时候，萧珊给他写信说："我不知道你会不会笑我：我想译屠氏的 Ася，我有了一本俄文的，但不知英文的你放在哪只书柜，我知道你要译这本书的，但还是让我译罢，在你帮助下，我不会译得太坏的。你帮别人许多忙，亦帮助我一次！"（萧珊1952年8月25日致巴金，《家书：巴金萧珊书信集》，第104页）这就是她的第一部译著《阿细亚》（后改名《阿霞》）。后来，她还译了屠格涅夫另一部比较有名的小说《初恋》。做翻译的一些甘苦也常常与巴金分享："翻译进行很慢，整个都是屠氏的人生观，有时候真不易处理，想到你回家，我又得挨骂了，我的脸红了！译得慢也并非都是我的过，客人也占去我一些时间，前一阵子，查良铮来上海一次，常在我家里……"（萧珊1954年8月5日致巴金，《家书：巴金萧珊书信集》，第180页）就这样，她把浸透了自己心血的译作得来的稿费，换作礼物又献给了女儿，这架钢琴不知有多少萧珊对子女、对家庭的爱。

正对着餐桌的墙上，挂着一幅照片，一个胖胖的小孩，头发竖竖的，张着大嘴，像是在兴奋地喊叫，又像是在应答什么，面前是一个蛋糕，上面还插着一支燃起的蜡烛。这是巴金的儿子李小棠一周岁生日时的照片。萧珊描述过年幼的儿子，"小弟很好，很壮很傻，很美，尤其是脸上线条活动的时候，真逗人爱！"（萧珊1952年6月6日致巴金，《家书：巴金萧珊书信集》，第77页）小棠出生于1950年7月28日，一周岁生日的时候，巴金正在山东和苏北老根据地访问，不在家。出国、开会，"文革"前巴金总是在奔波中。儿子两岁的生日，他也不在，当时他在朝鲜战地访问。

萧珊想念在远方的丈夫，也谈到了儿子的生日："再两星期小东西二足岁了，今年你依然不在家。"（萧珊1952年7月15日致巴金，《家书：巴金萧珊书信集》，第90页）"小棠棠二足岁的生日过了，我没有任何表示，只是星期日中午请萧荀带弟弟、妹妹在十三层楼午饭，棠棠高兴极了，跟小妹俩在厅里跑来跑去。那天还请了丁香，她带了他二年。老太太很不高兴，'弟弟二足岁就不过生了！'自然你不在也是重要的因素，天气热也有关系。"（萧珊1952年7月31日致巴金，《家书：巴金萧珊书信集》，第93页）巴金在回信中也谈到了远在千里之外的心情："我很好，我很想念你们，特别是在小弟生日的那天。我今年又没有能够看见他那种高兴样子。但是过两个多月我总可以见到你们了。"（巴金1952年8月7日致萧珊，《家书：巴金萧珊书信集》，第95页）"小棠生日我在西海岸附近，我在廿七日的日记中写着：'明天是小棠的生日，我却远在朝鲜，在河边望对面山景想到家，也想到珍和两个孩子。'"（巴金1952年8月15日致萧珊，《家书：巴金萧珊书信集》，第99页）

这些事情相对于大历史或许微不足道，但我不喜欢那种充满了丰功伟绩的历史账簿，我觉得其中没有人的情感和气息，哪怕是在大事件中，我仍然愿意去猜想和体会参与者的心境。更何况，这些家庭琐事、儿女情长，历史学家可以忽视，但我们每一个人却不应当忽视，这就是生活，这就是人生，它们本来就细碎，就是这样的点点滴滴。

四、客人们

应当说一说来到这个院子里的名流了。有记者堵着我问，让我像背存折上数字一样非得精细地说出谁来过这里的客厅，谁在饭厅里吃过饭，谁去过书房。大家都知道萨特、波伏瓦这对情侣来过，还有谁，还有……这是一本书也写不完的话题，我只能反问：还是先弄清谁没有来过吧！的确，巴老交游广泛，文坛中朋友众多，登过武康路大门的更是不计其数，还是不一一点名的好。

讲几个细节吧：

巴金曾在这里接待过很多日本友人，1961年7月12日，在寓所见过日本作家龟井胜一郎和井上靖。龟井后来回忆："在上海，我和井上靖应邀参加了巴金先生的家宴，同巴金先生的夫人和孩子围桌欢谈。这一切都给我留下深刻印象，使我怀念不已。"（［日］龟井胜一郎著，李芒、祖秉和译：《北京的星星》，作家出版社，1964年，第11—12页）谈了什么呢？没有记下来。李小林倒记得，爸爸妈妈经常会喊她来弹琴给客人听。

法国作家艾坚尔伯对这里印象也很深，尤其对萧珊的装束印象深刻。他是在1957年6月14日到巴金家的，他的印象是：

房间宽大、舒适，房前有一小院，客厅后边则是一块草坪……客厅的沙发和软椅上都蒙着布罩，巴金夫人也来到客厅里，当时在场的三位女士全都穿着旧式的旗袍。黑白相间的格子花呢，浓黑的头发中缀着一点红，并且发着幽光（那也许是一只别针?）。这一切更突出了巴金夫人严整、优雅、贤惠的韵致。这里没有，丝毫没有"蓝蚂蚁"的印象！作家本人则身着"干部服"，不过那套干部服的剪裁之精致却是在中国少有的。他表情开朗，睿智，一开始就吸引了我。（［法］艾坚尔伯：《〈寒夜〉法译本序言》，张立慧、李今编《巴金研究在国外》，湖南文艺出版社，1986 年，第 167 页）

　　看来，法国人在巴金的客厅里看了宣传中和他们印象里关于新中国人不同的印象。

　　这里还发生过这样一件有趣的误会：

　　今天中午茅盾请韩雪野吃饭，我作陪。他谈起尹世重同志回朝后对他说，你做菜很好。茅盾问做什么菜，我含糊地答应了一句。我不便说明那天是大三元送来的菜，外国人不易了解。晚上告诉家宝，他大笑不止。（巴金 1958 年 9 月 29 日致萧珊，《家书：巴金萧珊书信集》，第 279 页）

这是巴金 1958 年 9 月在北京给萧珊的信上说的事情。

巴金的客厅也与这个国家一起经历了历史的风风雨雨，它曾有门庭若市的热闹，也有门可罗雀的冷清。但是，真正的朋友可能不是出现在你风光的时候，而是在你不如意的时候会不经意给你送来温暖。1974 年 6 月 26 日下午（据沈从文 1974 年 6 月 24 日致张兆和信："已得巴兄回信，下午晚上统在家，将于星期三下午和程同去看看……"[《沈从文全集》第 24 卷，北岳文艺出版社，2002 年，第 136 页] 6 月 24 日为星期一，星期三为 6 月 26 日），武康路 113 号来了一位客人，他是巴金 30 年代的老朋友沈从文：

> 七四年他来上海，一个下午到我家探望，我女儿进医院待产，儿子在安徽农村插队落户，家中冷冷清清，我们把藤椅搬到走廊上，没有拘束，谈得很畅快。我也忘了自己的"结论"已经下来：一个不戴帽子的反革命。（巴金：《怀念从文》，《新文学史料》1989 年第 2 辑）

这个场景仿佛是时空的倒置，1949 年沈从文遭遇困难的时候，巴金去看过他；1965 年夏天，巴金和沈从文也是这样坐在沈家的院子里：

> "文革"前我最后一次去他家，是在一九六五年七

月，我就要动身去越南采访。是在晚上，天气热，房里没有灯光，砖地上铺一床席子，兆和睡在地上，从文说："三姐生病，我们外面坐。"我和他各人一把椅子在院子里坐了一会，不知怎样我们两个人讲话都没有劲头，不多久我就告辞走了。当时我绝没有想到不出一年就会发生"文化大革命"，但是我有一种感觉，我头上那把利剑，正在缓缓地往下坠。（巴金：《怀念从文》，《新文学史料》1989 年第 2 辑）

巴金不会忘记萧珊重病前，他们接到沈从文问候的来信，在一个几乎没有人敢与他们来往的岁月里，这是何等珍贵的友情啊。1974 年，萧珊刚刚去世不到两年，巴金已满头白发，两位文学大师历经风雨，"没有拘束，谈得很畅快"，谈了些什么呢？虽然不得而知，但肝胆相照的朋友，不戴面具的交谈当然畅快！一年后，沈从文给黄裳的信中，倒是记下了当日的印象："去武康路时，仍在十余年前同一廊下大花园前喝喝茶，忆及前一回喝茶时，陈蕴珍还在廊下用喷水壶照料花草……"（沈从文 1975 年 6 月致黄裳残简，《沈从文全集》第 24 卷，第 314 页）沈从文毕竟是小说家，残酷的岁月割不断他的记忆和今昔对比的强烈印象。他还记得，那次来还与萧珊谈到，萧珊初到西南联大，一时找不到住处，还是他帮忙安排到办公室打地铺的事情。"这次到彼家中作客，则女主人已去世，彼此都相对白头，巴小姐正住医院待产，传来电话，得一女孩，外孙女已降生，母女无恙，往日接待友好的客厅，已改成临时卧房，一四川保姆正在整理床铺，准备欢迎新人。廊下似亦多久不接待客人，地面和几张旧藤椅，多灰扑扑的，歪歪乱乱搁在廊下，茶几也失了踪。我们就依旧坐下来谈谈十年种种。百叶窗则如十九世纪法国小说常描写到的情形，因女主人故去，下垂已多日，园中一角，往年陈蕴珍说起的上百种来自各地的花树，似只有墙角木槿和红薇，正在开放。大片草地看来也经月不曾剪过。印象重叠，弟不免惘然许久，因为死者长已，生者亦若已失去存在本意，虽依旧谈笑风生，事实上心中所受伤害，已无可弥补。"（沈从文 1975 年 6 月致黄裳残简，《沈从文全集》第 24 卷，第 315 页）这是一位文学大师眼中的武康路 113 号，他用文字为我们留下了巴金家特殊岁月中的一段记忆。

五、书房里

很多来过巴老家的人都没有进过巴老的书房，特别是晚年，巴金腿脚不方便，会客都是在楼下，很少带人上楼去看看，楼上的照片也不多，所以，巴金的书房也成了一个神秘的所在。以至于，我看到这样的误会，就是有一幅被称为《劫后的笑声》的照片，画面上拍的是巴金和老朋友师陀、孔罗荪、张乐平、王西彦、柯灵在一起畅怀大笑的场景。有不少人误把这幅照片当作是在客厅中照的。的确，环绕的沙发有点像，但这是在二楼巴金的书房，后面壁炉上有一尊巴金的石膏像，那是苏联的著名雕塑家谢里汉诺夫给他塑的，这是被认为最能体现巴金神态的一尊雕塑。

《劫后的笑声》摄于 1978 年 1 月 10 日，巴金当日的日记中记载：

> 祁鸣来布置环境和灯光。辛笛来电话，半个多小时后他来取去开会通知和我答应送给他的一部英译本《十日谈》。午饭后济生来，师陀、柯灵、西彦、罗荪、乐平先后来。管理灯光照明的两位同志和《文汇报》的两位同志也都来了。祁鸣最后来。两点半开始拍电视片，四点半结束。济生留在我家吃晚饭，饭后同他闲谈到九点。看书报。十一点半睡。（《巴金全集》第 26 卷，第 200 页）

这些中国文艺界的名家，经历过"文革"，获得"第二次解放"，心境舒畅，自然喜形于色。

巴金书房中的这处还真上相，还有一幅经常使用的照片也是拍在这里，那是巴金一家四口下棋的照片，就在壁炉前的这个茶几上，那是 1962 年 11 月 25 日，巴金日记中写道："中央新闻纪录电影厂冯伯九等五位同志来拍摄生活短片（上午九点到一点，下午两点半到六点）。"（《巴金全集》第

25 卷，第 188 页）

　　书房里四处是书，这些珍贵的书等以后有机会再说吧。先说说作家的书桌，这间书房里，巴金有两个书桌，一个是在屋内的，一个是在书房外封闭的阳台上。天冷一点，巴金就用屋内的书桌，这里曾经生过炉子，20 世纪 80 年代后有了自供的暖气，1982 年摔倒住院前，巴金一直是在这间书房中写作的（"文革"期间被查封）。很多参观者好奇地问我，书房内的书桌上有一个玻璃罩罩的雕塑是什么？我说是恐龙，他们很惊奇，不知道巴金为什么会放这个。其实，一说就明白，它是来自巴金家乡自贡的赠品。老人一生乡音未改，乡情愈老愈浓，我曾经整理过他一小箱川剧的录音磁带，我问过小林老师：巴老听过吗？回答是：当然！

　　这个恐龙瓷雕是 1987 年巴金最后一次回家乡时，参观恐龙博物馆馆方送给他的。他是 1987 年 10 月 15 日由成都去自贡的。次日上午去恐龙博物馆，"参观结束，在休息室里，主人送了两个瓷做的恐龙给巴老，并请巴老讲话。巴老说：'我来过自贡，想不到变化这么大。'"（李致：《巴老回乡记录》，《我的四爸巴金》，中国华侨出版社，2009 年，第 74 页）当晚听了川戏，过了把瘾。17 日离开。在自贡，住檀木林招待所，巴老见屋子很大，后来见到卫生间也很大，便戏言："这是给恐龙用的。"巴金平时话不多，但也不乏幽默。

　　放在阳台上的书桌，是个铁皮做的书桌，搬家的时候我没有抬过，不知道有多沉，也不清楚当年是怎么折腾上楼的。这个书桌上放着一张照片，是巴金妻子萧珊的遗像，这个不多说了。还有一个带支架的浮雕像，是托尔斯泰。巴金一生崇敬托尔斯泰，到晚年更觉得自己是在追随托尔斯泰的脚步。"巴金"这个笔名最早出现在出版物上，其实并不是发表他的小说处女作《灭亡》，而是他的一篇译作，那是1928年10月10日发表在《东方杂志》第25卷第19号上的《脱洛斯基的托尔斯泰论》，三个月后，《灭亡》才开始在《小说月报》第20卷第1号（1929年1月出版）上连载。在巴金影响最大的长篇小说《家》中，处处可见俄罗斯文学精神的启蒙和唤醒的力量。其序言的第一句话就是："几年前我流着眼泪读完托尔斯泰的小说《复活》，曾经在扉页上写了一句话：'生活本身就是一个悲剧。'"（巴金：《〈激流〉总序》，《巴金全集》第1卷，人民文学出版社，1986年，第Ⅲ页）巴金虽然没有直接翻译过托氏的作品，但他一生都与这位伟大的作家保持着情感的"沟通"，在他的藏书中，托尔斯泰的书不计其数，常常是一种作品数种版本，不乏珍本。巴金晚年曾多次提到过托尔斯泰，托尔斯泰晚年的追求成为巴金晚年奋斗的目标。在《再思录》中，巴金一再提到托尔斯泰，而主要都是：讲真话，追求言行一致。在题为《最后的话》的《巴金全集》的后记中，他写道：

　　我又想起了老托尔斯泰，他写了那么多的书，他的

《全集》有九十大册，他还是得不到人们理解，为了说服读者，他八十一岁带着一个女儿离家出走。他决心改变自己的生活，却没有想到中途染病死在火车站上。

这是俄罗斯大作家给我指出的一条路。改变自己的生活，消除言行的矛盾，这就是讲真话。

现在我看清楚了这样一条路，我要走下去，不回头。（巴金：《最后的话》，《再思录》（增补本），广西师范大学出版社，2004年，第145页）

书房会透露出主人心灵的秘密，巴金与托尔斯泰的情感，通过这一个小小的浮雕像，不也清楚地显现在我们面前了吗？

六、花花草草

巴金故居无论是主楼还是两座辅楼，都是在绿树的掩映中，在一座大花园里。但通常讲到花园，还是主楼南面有草坪的这块地方。作家矫健曾经描述"文革"中他所见到的"巴金花园"：

这是一座恬静、秀丽的花园。草坪绿茵茵的，冬青树墨绿、油亮；花园边上耸立着一座洋房，门窗、屋檐的油漆虽已剥落，但也看得出一层淡淡的绿色。夕阳西下，一抹金光投入这绿色的世界，更渲染出寂静、安宁的气氛。

打开窗子，就看见巴金花园了。啊，花园那么美，花园那么恬静！那座绿色的洋房，百叶窗都关着，好像屋里一个人也没有。又是黄昏时候，几朵小花绽开在青草中间，晚风徐徐，小花在夕阳的余辉里摇摇晃晃……（矫健：《到巴金花园去》，《人民文学》1982 年第 8 期）

这曾经是一家人其乐融融欢聚的地方，也是巴金散步、沉思的地方，它储存了这个家庭不同时代的记忆。"文革"之后，巴金在文章中深情地追忆过当年养过的小狗"包弟"，更思念当年在草坪上逗着包弟玩的妻子萧珊。

整整十三年零五个月过去了。我仍然住在这所楼房里，每天清早我在院子里散步，脚下是一片衰草，竹篱笆换成了无缝的砖墙。隔壁房屋里增加了几户新主人，高高墙壁上多开了两堵窗，有时倒下一点垃圾。当初刚搭起的葡萄架给虫蛀后早已塌下来扫掉，连葡萄藤也被挖走了。右面角上却添了一个大化粪池，是从紧靠着的五层楼公寓里迁过来的。少掉了好几株花，多了几棵不开花的树。我想念过去同我一起散步的人，在绿草如茵的时节，她常常弯着身子，或者坐在地上拔除杂草，在午饭前后她有时逗着包弟玩。……我好像做了一场大梦。（巴金：《小狗包弟》，《巴金全集》第 16 卷，第 167—168 页）

　　临着花园环绕着主楼的路是巴金通常散步的路，他在作品中也提到过："我家里有一块草地，上面常有落叶，有时刮起大风，广玉兰的大片落叶仿佛要'飞满天'。风一停，落叶一片也看不见，都给人扫到土沟里去了。"（巴金：《〈真话集〉后记》，《巴金全集》第 16 卷，第 428 页）我见过一张 1955 年秋天的照片，是巴金一家刚搬到这里不久所摄，照片中还有靳以一家，巴金穿着西服，规矩地站在草地上。他的身后是花园的左边，只有一棵不太高的小树。右侧这边也不像有大树样子，那么，这棵高大的广玉兰应当是巴金一家搬进来后栽的。徐开垒在《巴金传》中也提到：玉兰树和樱花都是巴金成都老家有过的花木，所以特意栽种了这两种。（徐开垒：《巴金传》，上海文艺出版社，2003 年，第 441 页）广玉兰如今已是参天大树了，树冠与主楼齐高，树荫也占了草坪的一大半。

　　在巴金 1964 年日记中，还记下园中种花的事情："花店送花树来，并代种树、栽花。"（巴金 1964 年 3 月 19 日日记，《巴金全集》第 25 卷，第 361 页）"中饭后南洋花店的同志送来樱花两株，并替我们种上，现在我们园子里有了五株樱花了。"（巴金 1964 年 3 月 30 日日记，《巴金全集》第

巴金故居（贺平　摄）

25 卷，第 364 页）有五株樱花，可见巴金对樱花的喜欢，1955 年住进来的时候，他就买过两株：

> 但是我对樱花早就有了感情。在我的院子里竹篱边便有两株樱花，这是我七年前用二十元的代价买来种上的。两株花品种不同，却一样长得好，一年一度按时开花，而且花朵不少。今年花开较迟，但即使在花开的时候，我从窗口望出去，篱边也还是一片绿色（篱下点缀了几朵红色和白色的月季）。……我说不出我家里两株不同的樱花叫做什么。它们都是先发叶后开花，所以盛开的时候，树上也是绿多于白，跟我在日本见到的不同。……我在自己家中有机会一年一度地欣赏樱花，这是一种幸福，我不仅可以重温友谊旅行的旧梦，我还有和日本朋友重聚的快乐感觉。……就以我这里的两株樱花为例，它们一年比一年高大、一年比一年茂盛，不过短短的几年，它们就长成大树了。（巴金：《富士山和樱花》，《巴金全集》第 15 卷，第 316—317 页）

樱花让他想起日本友人的友情，也为这个园中的春天增添了怒放的欢畅。如今，巴金的花园中的草坪上还有一棵樱花，春天里她仍然开放着，想来有四五十年的树龄了。从文字记载看，这个园中的牡丹、月季、桂花，一年四季都装点出不同的风景，妻子的书信中经常向出差的丈夫报告花的消息：

> 今天桂花开始开了，金桂、银桂都绽出几朵小花来，只是靠秋千的那枝依然故我。你回来之时，当然满园芳香了。（萧珊 1957 年 9 月 18 日致巴金，《家书：巴金萧珊书信集》第 258 页）

> 园子里现在很美，但你回家时，杜鹃一定都谢了……（萧珊 1959 年 4 月 28 日致巴金，《家书：巴金萧珊书信集》第 304 页）

> 家里牡丹全开了，殷红如锦，可惜你又看不到了。（萧珊 1963 年 4 月 17 日致巴金，《家书：巴金萧珊书信集》，第 526 页）

秋天，他们还种过菊花（萧珊 1960 年 11 月 9 日致巴金："昨天花园的廊前又种了菊花，新买到的，虽然种子不好，但总比光秃秃的好看多了。"《家书：巴金萧珊书信集》，第 389 页），老照片上能够看出紫藤，如今，紫藤已经长得苍劲有力，其中一枝缠绕在水杉上，直奔云霄。葡萄架前，巴金一家在 20 世纪 60 年代曾留下不少照片，可见这是他们欢喜的玩处。刚来不到一年，萧珊曾给巴金写信，谈到对这个园子的喜欢，可惜这封信没有保留下来，但巴金的回信却保留下来了：

> 知道你喜欢我们的房子，我很高兴，我很喜欢我们
> 那块草地和葡萄架，我回来葡萄一定结得很多很大了。
> 孩子们高兴，我也高兴。希望书架能够在那个时候弄
> 好。……我希望在上海安静地住一个时候写点东西。
> （巴金 1956 年 6 月 23 日致萧珊，《家书：巴金萧珊书信
> 集》，第 304 页）

如今，紫藤仍在，葡萄架照原样恢复。往事虽远，但有
迹可寻。

武康路 113 号，巴金在这里度过自己的后半生，这里的
点点滴滴虽然都成为历史，但也不时会焕发出新的生命力，
要想获知这些，还是请你自己走进来，自己来感受它吧。

密丹公寓

薛理勇

　　与武康路 113 号巴金故居南侧毗邻的武康路 115 号住宅叫做"密丹公寓"，许多人为这幢公寓建筑为什么叫做"密丹公寓"伤透了脑筋。实际上，"密丹公寓"原来的英文名叫做"Midget Apartments"。"midget"的本义是侏儒、小矮人，在同类中较小的（物件、物体），也就是小型的、袖珍型的；"密丹"只是"midget"的音译。毫无疑问，所谓的"密丹公寓"可以意译为侏儒公寓、袖珍公寓、小型公寓，没有其他的意义。

　　从历史留下的地图分析，现在的武康路 113 号和 115 号的地块是相连的。不知何时，也不知道什么原因，这块地块被分成两块。密丹公寓约建于 1931 年，占地面积仅 93 平方米，为五层钢筋混凝土结构。由于地块坐落在今武康路与湖南路交叉路口的东北角，必须让出上街沿的人行通道，所以，密丹公寓的建筑平面呈东北长、西南窄的梯形。公寓底层为附屋，一层以上是住宅，每层一个单元，建筑面积约 90 平方米。在上海的公寓建筑中，它的占地面积确实是够小的，称之为"Midget Apartments"，确实是够贴切的。

由于占地面积太小，而且，这一地块位于福开森路（今武康路）与居尔典路（今湖南路）相交处的转角，根据当时租界关于沿街住房建设必须退让红线的相关规定，密丹公寓必须让出转角处的部分土地，以确保上街沿行人正常通行。密丹公寓的正立面就是锥形的短的一面，站在远处正面看密丹公寓，整幢建筑有点像一头大象，中间是大象的鼻子，两侧是大象的耳朵。有的人认为这是当年建筑师有意为之，而实际上应该是建筑师的无奈之举。

密丹公寓的早期住户主要是侨民。在一份 1937 年的住户登记中，各层的住户分别为：1 室的住户是 R. F. Pirard 夫妇，男主人是美国"美孚行"（Standard-Vacuum Oil Company，即美孚石油公司）设在中国的主要进口润滑油以及工业油脂的贸易公司——Sterns Ltd. China Agency（没有查到中文行名，公司在四川路 670 号）的部门负责人；2 室的住户是 F. T. Skov，"美孚行"的部门经理；3 室和 4 室分别是 Dr. M. Martin 和 A. R. Lusey，他们都是"美孚行"的普通员工。由此推断，密丹公寓是由"美孚行"整幢租赁后，提供给公司员工使用的员工住宅。

下面介绍居尔典路（今湖南路）的故事。《徐汇区地名

密丹公寓西南立面

密丹公寓北立面

志》（上海社会科学院出版社，1989 年）：

> 本路（指湖南路）筑于 1918—1921 年间，为法租界公
> 董局筑。原名居尔典路，以第一次世界大战中战死的旅沪
> 法侨命名。1943 年 10 月改名湖南路，以湖南省命名。

可是，至今为止，谁也没有查阅到这位旅沪法侨居尔典
的任何资料，更不知道这位居尔典是何许人也。于是，人们
对《徐汇区地名志》的说法表示异议，其后出版的《上海
地名志》又说：

> 湖南路……民国七—十年（1918—1921）筑，以一
> 个驻华公使命名居尔典路（Route A. Charles Culty）。

这更乱套了，众所周知，英国与法国是欧洲的两个大
国，隔英吉利海峡相望，历史上，英、法之间战争不断，关
系不睦到了相互敌对的程度，甚至直到今天许多法国人都不
愿意用英语与英国人对话，上海的法租界怎么可能用一位英
国驻华公使的名字来命名法租界的马路？这实在令人生疑。
英国驻华公使在中国是地位显赫的外交官，历史上确实有一
位被汉译为"居尔典"或"朱尔典"的英国驻华公使，约
于 1876 年来华充当英国驻华公使馆翻译生，1896—1906 年
任英国驻朝鲜总领事，1906 年晋驻华公使，1911 年担任北

京公使团领袖公使。他好像没有干过令法国人感激不尽的事情，何况，他的英文名字是 John Newell Jordan，与法租界的居尔典路的法文名 Route A. Charles Culty 相去甚远。所以，法租界的"居尔典路"绝对不可能是以英国驻华公使朱尔典的名字命名的。

那么，上海法租界"居尔典路"又是怎么来的呢?!

现在的上海图书馆坐落在淮海中路 1555 号，许多当地的老人仍习惯把这里叫做"牛奶棚"，原来这里就是奶牛养殖场和奶制品生产厂——"上海乳品二厂"；而在更早，它是英国人居尔典（A. Charles Culty）创办的 Culty Dairy Co., Ltd.，中文行名叫"可的牛奶公司"。"可的"就是"Culty"的音译加意译的商业名称，可的牛奶公司是上海坐落在靠市区最近、规模最大的奶牛养殖场和奶制品加工厂，当然"可的"也是老上海最著名的牛奶以及奶制品厂商和品牌（现在的"可的"便利店与以前的"可的牛奶公司"没有渊源关系）。而现在的高安路和湖南路，以前是河流，1914 年法租界扩张成功，这里被划进了法租界，于是，法租界公董局开始填浜筑路。其中，霞飞路（淮海中路）以北的那段，填后筑成高恩路，就是现在的高安路；以南的那段，以相邻的"可的牛奶公司"的英文名称，取名为 Route A. Charles Culty，中国人不知道"可的牛奶公司"的英文名称，就根据法文路名音译为"居尔典路"。1943 年，居尔典路改名为湖南路。

美杜公寓

钱宗灏

今武康路 135 号和 137 号两门牌都是美杜公寓。据 20世纪 80 年代末出版的《徐汇区地名志》中的记载，里面居住着 8 户居民，共 27 人。由于是几十年的成熟社区，料想至今应也不会有太大的变动。其实作为民居，它的房龄已经很老了，但因为这栋建筑所处的武康路地段极好，是那种百分百属于普通上海市民心目中的"上只角"里的高档住宅，所以我们仍要来说说它。

有文章说，该楼原名密勒陀公寓，上海解放前楼里住过不少外国侨民，解放后肯定回国了一批，但直至 20 世纪 50 年代中期，还有侨民赛雪儿·爱士拉、琪·沙味克等为了房屋的契证事宜申请登记，或提出产权声明等。看来美杜公寓不仅身世比较复杂，可能还会牵涉一些法律纠纷。我们相信这些话应该都是有出处的，可能来自相关部门房地产或户籍处档案里面的记载，这姑且按下不表。只是密勒陀公寓听起

美杜公寓西北立面

来是个外文名称，该文章又没给出原文，所以无从查找这个名称的含义是什么。但是听听所在地居民的介绍却又是另一番来头：他们说房子的原名叫弥陀公寓，因为是属于大地产商哈同洋行的产业，其妻罗迦陵敦信佛教，开口闭口阿弥陀佛，故取名为弥陀公寓云云。这个说法听上去很有点道理，罗迦陵确实茹素礼佛，但仔细想想还是有疑点的。哈同早年虽则做过法租界公董局的董事，但其在法租界里的房地产很少，名下众多的产业都是在公共租界，多是以成片"慈"字开头的石库门里弄而不是新式公寓，更不是如美杜公寓那样占地很小的袖珍公寓；另外，若以时间来论也对不上，哈同夫妇在上海房地产市场呼风唤雨、大展拳脚的时期是在清末民初，即20世纪初，造这楼房时这对夫妇应已作古或老迈不过问生意上的事了。经过查证，果然，哈同1931年便已过世。哈同病故后，产业虽然全归妻子罗迦陵继承，但罗迦陵相信自己只有旺夫命而无富贵命，所以终日卧床，不理家事，致使闻名遐迩的爱俪园亦呈现荒芜景象，俟至1941年罗迦陵也驾鹤西去了。无法想象一位终日卧床念经的老太太还会有精力去筹措建造房子，所以坊间的说法可信程度还是比较低的。

资料记载美杜公寓建造于1940年，那是抗日战争期间上海历史上的孤岛时期，虽然周边区域，甚至连民国的首都南京、大城市广州等均已告沦陷，中华大地战火纷飞，危机重重，人民流离失所，但上海还是马照跑、舞照跳，房地产也是一派繁荣景象，只是寸金寸地，花园住宅不怎么造了，改而时兴建造那种用地相对较省，但生活设施配套齐全的公寓楼。尤其是在法租界里，土地都是小块的私人所有，故而特别流行建造小型公寓。往往业主自用一套，其余的或卖或租，自有发国难财的新贵们前来购置作为别业，养金丝鸟；也有供给从乡下来上海躲避战火的富室大户，这些人躲进小楼成一统，不问世事做寓公。

粗粗交代完了这些背景之后，可以谈谈笔者的看法了。从上面那段可信度较高的文字记载中提到的赛雪儿·爱士拉、琪·沙味克等带有犹太人特征的姓名判断，20世纪50年代中期仍敢于向人民政府主张权利的人应该是哈同家族方面的成员，他们是不会怕被送去劳动教养的外籍人。如果此说成立，则美杜公寓的建设基地原来是哈同和罗迦陵的产业没错，不然这些人就没有向政府主张权利的依据了。问题是他们为什么不在40年代房屋已建成的时候提出申请，而是要到上海解放以后才提出申请呢？合理的解释就是这些申请者都不是完整意义上的产权人，他们只是被同意居住在这里而已，由于与已故的哈同多多少少有些沾亲带故，所以趁着新生的人民政权尚不掌握情况赶紧行动，以坐实自己的既得利益。就像农村一个地主老财早先收留了一个逃荒来的远房亲戚，让他住进了一间偏房，后来解放了、土改了，房屋就自然归了穷人。事实上的情况也是这样，因为一直到哈同去世之后很久还有来自巴格达或其他地方，自称是哈同的伊拉克本家前来爱俪园认亲，罗迦陵心肠软，看到这些没有安身之处的犹太人也不刨根问底，一概交由大管家姬觉弥，只嘱咐要好生安顿便罢。那么姬觉弥手中就必须要有一批可以随时供他支配的房子才行，于是乎"弥陀公寓"也就这样被建造起来了。

或者说密勒陀公寓只是哈同夫妇诸多地产中原先被遗忘或者被忽略的一处，因为这块地皮实在太狭窄、太不起眼了。在1940年罗迦陵已经不能够视事的情况下，哈同洋行的经理人或者股东们发现了这块边角料，于是决定建造公寓牟利，因为当时房地产业景气，资本都往里面投，建成后这些人很可能隐匿了这一处房产，取密勒陀公寓不过是个托名，万一被查出来也可有个交代。哈同夫妇过世后，他们的11个外籍养子女和11个中国养子女曾经旷日持久地争夺遗产，但他们中又没有一个人能够全盘掌握究竟有多少房地产，加上股东们主观上的刻意隐瞒，也对查明遗产及分割增添了难度。所以这些人凡打探到一处产业便群起而分之，以致到了新中国成立以后还在闹……

但是所有的说法在证据找到以前都只能是假设，这一点必须要讲清楚。

下面谈谈建筑。据记载美杜公寓是一幢混合结构的4层住宅楼。"混合结构"是一个建筑学上的专业用词，指区别于早期砖木结构和现代钢筋混凝土结构的一种建筑结构，具体是将原来的木柱、木梁等改为混凝土，用以节约木材和增加建筑的强度及抗蛀耐腐蚀的性能，在 20 世纪 30 至 40 年代很流行。不过这也没啥稀奇，只不过是一种建筑结构上的改良。稀奇的是这幢房屋的占地面积才区区 486.67 平方米，且不规则，在那么小的、呈楔形的基地上设计一幢现代公寓楼很不容易，无疑是对建筑师的一种挑战，其建成后的总建筑面积居然有 856 平方米。底层沿街还设计为铺面，可以开设商店，武康路上商业设施本不多，正好可以弥补，租出去会很赚钱。二至四楼共配置了六套单元公寓，每层两套，够宽敞，设施齐全。西南侧还另建有平房车库一间，建筑面积 47 平方米，用以便利住户泊车，建筑师将上海 20 世纪 40 年代城市生活中该有的全想到了，考虑堪称周到。

2008 年第三次全国文物普查期间，笔者曾对美杜公寓作了细致的观察，发现最值得称道的是建筑设计上的精细，这种设计布局换成了现今做惯方方正正的建筑师们往往会难以下手绘图。由于基地的不规则，朝向内院的东南立面还要做两次退界，这给设计和施工带来的难度可想而知；另外还发现建筑师的创造力也发挥到了极致，除了借天借地增加建筑面积之外，在并不宽阔的立面上也要刻意追求变化，上海人善于螺蛳壳里做道场的本事表露无遗。

现经测量，建筑沿街主立面长 29.7 米，主出入口设在中部，左右各有约三开间的店面。三层以上部位建有对称的山墙，但一侧墙体稍稍前出，这不仅形成了令人愉悦的变化，同时也巧妙地增加了室内空间。平缓的坡屋顶覆盖红色

美杜公寓的红瓦屋顶

筒瓦，建筑立面上多处使用了简单的装饰，如三联窗、券齿、螺旋纹窗间柱、窗楣半圆拱线脚等，这些都是那个时代时兴的西班牙建筑符号。然而西北侧立面竖起的一座高大的壁炉烟囱却是神来之笔，它与紧邻的129号西班牙式花园住宅相互映衬在天际线上，给人以错落有致的感觉。

　　在室内设计方面也值得称道，由于用地方面的原因，造成楼内位于西北端的房间有一处锐角，这会给住在房间里的人带来不习惯，建筑师将锐角处设计成采暖壁炉的烟道，巧妙地处理了这一局限。公寓内总体开间宽阔，虽然朝向不是很好，但东西向通透，采光充分，大厅小室和小厅大室可任选。墙体上设有多个大壁橱可以储物，厨房、卫生设备及工作阳台等齐全，且目前原物还多有留用，单元内还另设有服务人员使用的房间。

作为一处 20 世纪建造的民居，美杜公寓的诸多优点直到今天仍然值得建筑师和开发商们学习借鉴。现在房屋结构稳定，布局完整，建筑主体风貌留存，内部虽已陈旧，但保存较好，我想这些才是这栋建筑的价值所在。

武康路 212 号

钱宗灏

武康路 212 号是一幢不太会引起路人注意的花园别墅，说它不引人注意是因为你走在街上根本看不到这幢建筑的身影，只有进入大门，沿着甬道走进去后才能在花园深处看见矗立着一幢漂亮的欧陆式的乡村别墅。建筑一反常态，主立面朝东，似乎是为了迎接初升的太阳而设。陡峭的屋顶覆盖着红瓦，主入口边上竖立着红砖砌筑的壁炉，烟囱高大挺拔，直出屋面，然细看其砖工却砌得十分精细。建筑外墙用白色粉刷，视觉上给人以十分强烈的色彩对比。二层楼建有宽大的露台，底层是联排的落地门窗。整幢房子在四周花木扶疏的簇拥下显得十分幽静典雅，令人不由得联想起安徒生童话故事里的结尾：王子和公主从此过着幸福的生活……

有人说这幢房子是英国式的，其实不然，细看之下我们还是比较容易发现它与英式建筑的不同之处：虽然屋顶都是那么陡峭，但这幢房子在接近屋檐处是有举折的，英式建筑

武康路 212 号

则没有；再看屋顶上面的老虎窗，英式住宅采用的是一面坡的顶，我们称为棚式屋顶，但它有三面坡，这种做法多见于欧洲大陆。此外，英式建筑的窗洞没它开得这么大，也鲜有室外的大露台……

文字描述也许还不够直接，但凡我们去欧洲的乡村旅行，那么在中、北部的德国、丹麦、奥地利以及匈牙利、捷克等国家随处可见这种样式的乡村住宅。

有人说这幢房子是我国近代民族机器制造业的先驱，上海大隆机器厂创办人严裕棠的旧居，我有些疑问。严裕棠早年虽在洋行里做事，但心中的志向却是创办中国人自己的工厂，按理他是不会为自己建造这种纯粹的外国式的居所的。为此我专程去了图书馆查阅《字林报行名簿》，果然有收获！1932 年版的《行名簿》上记录着福开森路 212 号住宅的主人是 Mr. & Mrs. Ove Lunn（欧弗·鲁恩夫妇），找到了这条记录后再查男主人的职业，赫然发现他原来是丹麦驻上海的总领事，至此，答案揭晓了。

可紧接着新的问题又来了。按理一个国家的驻外使节是不大会为自己建造房子的，因为工作流动性大嘛，说不准哪天又奉召去另一个国家任职了，所以他们一般都是租房住，房租国家给报销。这么想来，房屋的业主应该还另有他人，但是可以证实我这个猜想的史料却遍寻不得，查至 1936 年版的《行名簿》，干脆连福开森路 212 号的记录也没有了，再查那一年的丹麦领事馆栏目下，总领事也已换成了别人，这里人去楼空了。

我一般不做轻易否定别人的事情，虽然写武康路212号严裕棠旧居文章的作者没有公布他的史料依据，但据查严裕棠除了兴办实业外，还从事房地产买卖，在江、浙等地都置有房产，那就更不必说上海了。以此推断，大约晚至1936年，这处花园住宅已经是在严裕棠名下了。至于最初建造并拥有这处花园住宅的人很可能是一位丹麦或者德国的商人，于20世纪30年代初期曾将此屋出租给欧弗·鲁恩用做领事官邸；30年代中期严裕棠买下了这处房产。按照中国人的行事风格，一般都比较低调，所以就拒绝了《字林报行名簿》编辑部的要求，不将这处房产予以登录，所以往后就找不到了。

大约在2010年前后，同济大学一批学历史建筑保护专业的学生参加了一项名为"城市徒步"的暑期社会实践活动。他们去考察了老房子非常集中的虹口区提篮桥街道，在此过程中发现了位于平凉路25号的严家旧宅。这是一幢体量庞大、外观呈中西合璧样式的三层楼大住宅，古朴庄重、亦中亦西，尤其令他们兴奋的是在用来砌筑墙体的青砖上找到刻有"严裕棠"或"庚申造"的字样，且不止一处。这些小青砖毫无疑义地道出了房屋的主人和房屋建造的年份，据推算，农历庚申年是1920年。当时严裕棠办厂已经很有规模了，应该有经济实力为自己建造这样气派的大宅子，并且这样的建筑样式也符合严裕棠作为一名民族实业家的审美观和对理想家宅的要求。

综上，我们似乎可以做出这样的判断：武康路 212 号花园住宅可能是严裕棠名下的房产，但不是他的旧居。旧居的概念是要主人在那里曾有过具体的居住时期或者日常活动的记录。不过我仍然希望有人能够找到类似这样的记录，因为即便我的判断被推翻，但历史的真相却被找到了。

写到这里，发现这个题目无论如何总绕不开严裕棠这位历史人物，故据查得的资料，连缀成短文，以馈赠读者：

严裕棠先生的生卒年份是 1880—1958 年，出生于沪西严家宅。严家祖籍江西婺源，后落籍江苏吴县。十九岁时进英商老公茂洋行当练习生，由于工作认真勤快连获升迁，任洋行大班皮文斯的私人助理，后又进公兴铁厂当跑街。1902 年严裕棠与铁匠褚小毛在杨树浦太和街合伙办铁工作坊，取名大隆铁工厂，最初仅有 4 名学徒，7 名正式工人，做些敲敲打打的修理工作。1906 年起改独资经营，承制上海英商等自来水厂的水管、闸门、龙头等金属铸件，仿制农业机械。1913 年严裕棠又在平凉路建起 12 间平房，工人、学徒有四五十人，业务扩展到为黄浦江上的外轮修配机件。1918 年夏，大隆厂迁到大连湾路（今大连路），工人学徒增加到 300 多人，开始向制造业发展。

1924 年严裕棠在光复西路购地 60 余亩建造厂房，业务正式由纺织机件修配向机器制造发展。1926 年迁入新厂时，有工作母机 200 余台，职工 1 300 人。在此期间，严裕棠与人合伙租办苏州苏纶纱厂，建立光裕公司，总管大隆、苏纶两厂，实施棉铁联营。1930年又在苏州建苏纶第二厂和织布厂，同时向国外订购全套发电设备，自办发电厂。翌年，六子严庆龄自德国学成回国，严裕棠命其主持大隆业务，并聘请外国专家治厂，生产成套棉纺机。1934年，严裕棠收购上海隆茂纱厂，改名仁德纱厂，并投资常州民丰纱厂、戚墅堰通成毛纺厂和郑州豫丰纱厂，成为上海、苏南著名实业家。此外，严裕棠还在社会公益方面投入不少精力，先后兴建小学3所，免费吸收同姓及职工子弟入学。资助静安小学和同德医学专门学校，设立上海正养中学清寒助学金和圣约翰大学教师补助金；捐款修复上海中国科学社明复图书馆，建苏州甘棠桥（被当地命名为"裕棠桥"），还资助建设彭浦董家桥、吴淞江造币厂桥等。尤其是在上海"一·二八"事变期间，严裕棠大力赞助和支持十九路军。

1937年上海沦陷后，大隆机器厂被侵华日军占用，改名大陆铁厂。次年子严庆龄以大隆库存器材在租界开设泰利机器厂，并投资常熟开设小型纱厂，艰难生存。

抗战胜利后，1947年严家赎回了由国民党政府接收的大陆铁厂，复名大隆。同时合伙开办苏州纱厂、香港怡生纱厂。1948年严裕棠离开上海到香港，转而又赴南美巴西里约热内卢发展，成为当地著名的企业家。

1949年大隆、泰利等厂部分机器由其子严庆龄、媳吴舜文运台湾，开设裕隆铁工厂，以及台元纺织厂，逐渐形成拥有汽车、纺织、机器、金融等业的裕隆集团，为台湾十大财团之一。

1958 年 9 月严裕棠回台湾定居，10 月 18 日病逝于台北。

由严裕棠创办的大隆机器厂解放后改为公私合营，一直在光复西路旧址，直到 2001 年该区域拆迁改造才搬迁到宝山区新建的厂区，如今历经一百多个春秋的大隆依然活跃在上海机械制造行业。严裕棠及其大隆机器厂对于近代民族工业发展的功劳在于，他让中国纺织业有了中国人自己制造的机器，改变了"仰给于舶来品"的尴尬状况，为近代中国民族工业发展做出了一份贡献。

国富门公寓

钱宗灏

如果按建筑的类型来做一个统计的话，武康路所在的区域恐怕分不出多少，那里仅以花园住宅和小型公寓为主，集中建造于 20 世纪 20 年代至 40 年代初期，区域内没有成片的石库门里弄，也没有大型公共建筑，我们给它的定位是上海城市建筑发展过程中一个特色鲜明的片段。

武康路 230、232 号即是一处典型的小型公寓。公寓位于湖南路口，建成于 1936 年，名国富门公寓（Kofman Apts.），史载是以曾在云南邮局工作，第一次世界大战时回国参战，不幸死难的法侨 Kauffman 命名的。上海人将这个名称译得很有老上海味，讨口彩，现在则一般通译为考夫曼。不过上海旧法租界里还有一条国富门路，未知其来历是否也和它一样？

国富门公寓在现今上海市民眼里不过是一幢普普通通的 5 层楼公寓，但在那个时代却是作为一种新颖的建筑形式被

国富门公寓

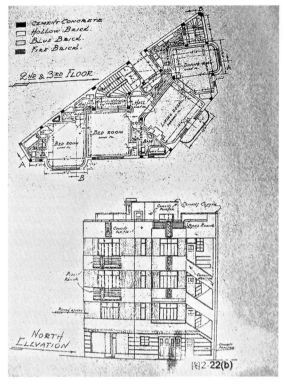

国富门公寓原始建筑图纸
（引自《建筑月刊》第三卷第三期，1935 年 3 月）

刻意引入上海的。1935 年 3 月出版的《建筑月刊》还曾刊载了一组该公寓的设计图介绍它。从这些图纸上我们可以看到建筑为砖混结构，是由建筑师拉比诺维奇（G. Rabinovich）设计的。再查了其他工具书，得知这个拉比诺维奇是上海哈沙德洋行的签约建筑师。不过老图纸上发现公寓原来只有 4

层，不知是何时加建了一层，但还好，如果贪心加建两层的话，建筑的比例关系就破坏掉了。现底层沿街都开了商店，原来只是附属用房，包括有通道、锅炉房、服务人员房，还有三间车库供楼上住户停车，只有在转角处才设置了一间店铺。现楼上还是住宅单元，每层2套，共计8套，可原设计图上仅是在一层配置了两套；二、三层都是配置一户的大套房，可能后来入住时会有改动。上海解放初期房管部门为了清除西方资产阶级的影响、多分配住户，也会将套内房间分割。这不，名称也改口了，按门牌号来，习称二三二公寓。现在不然，绝大多数人又回到国富门公寓这个老名称上来了。

我一直对徐汇区为什么有这么多小公寓的成因有着浓厚的兴趣。它们建造在很局促的基地上，却又布置得井井有条，与周边的环境严丝合缝，好像天生就是生长在那里而不是后来才被镶嵌进去的。一开始只知道那是因为建筑地块大小造成的缘故，多宽地起多广楼嘛。慢慢明白了那和法租界的道路走向也有关系，法国人喜欢在城区建造放射状的道路系统，这跟他们的文化传统有关，看上去很气派但造好后会生出一些不规则的地块来。徐汇区在历史上大部分属于1914年才划入的法租界新区，法公董局起初只是修筑了几条骨干道路，如霞飞路西段、贝当路等，慢慢路网逐渐变得致密起来，于是又被分割成更小的不规则地块。这种现象如果在城市建设用地够多、够宽敞的时期，小块土地会被安排建个绿地什么的或者干脆就空置了，但是一旦遇上了非常时期，人口的大量涌入、住房需求旺盛时，原来被忘了的地皮就会被人刨出来建造房子了。20世纪30年代末40年代初的上海租界就是处在这么一个时期。所以我们除了赞叹建筑师计算周到、设计巧妙之外，也需明白那是属于不得已的事情，没有哪一位业主或建筑师喜欢在不规则的小块地上建房子，那要花太多的心思。

再来结合具体案例，看看历史上国富门公寓的不规则地块是怎么形成的。先要说早年我曾经在上海市历史博物馆查到过一本1938年的法租界地籍图，当时还看不太懂，只感觉这本书对研究上海的城市肌理、道路和建筑都很有用处，于是便逐页拍摄下了这本地籍图，珍藏在硬盘里，到了今天便有从上面截取一块来说明问题的可能了（见下图）：图中

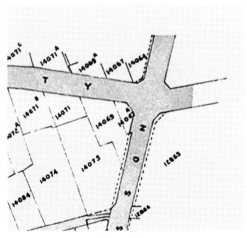

法租界地籍图上的国富门公寓（14067A）

有标号的都是一块块土地、不动产，横向是居尔典路（今湖南路）；纵向的便是今武康路，国富门公寓所在地块的标号是 14067A，是一个很不规则的梯形，这个不规则梯形是怎么来的呢？看到位于它上面的 14067 地块你马上就会明白了。原来这是一块南北走向略偏东的长方形地产，很规整，可以造花园住宅，只是在修筑福开森路时南面被斜着削去了一块。这还没完，后来修筑居尔典路时又被征地了，拦腰截断。于是就多出了下面的边角料地块 14067A。一开始肯定没人想要开发这块边角料，空置着到 1934 年前后，开发商觉得区位优势不错，建房子有利可图了，于是便有了后来的国富门公寓。

　　建成之初的国富门公寓由于地段适中，兼之设计到位、生活设施配套齐全，故很受欢迎，一下子就住满了。从入住的第一批住户来看，他们是：

S. Scher

Dr. Reidar Sundsbak

J. A. Vorner　　亚洲出口公司经理

Mrs E. Just

V. M. Kofman　　东方汽车公司销售部总监

W. Mulvaney　　颐中烟草公司印刷部主任

　　其中三位《字林报行名簿》上没有给出具体的职业身份，但一名有博士头衔、一名是女士。他们应该都是初到上海的西侨，在找工作或者尚未被正式聘用；另三位从职业身

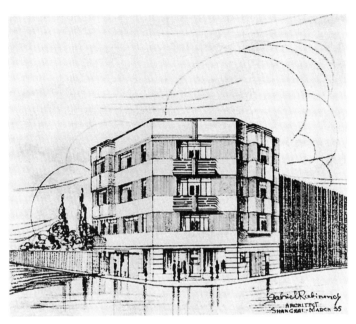

国富门公寓设计效果图
(引自《建筑月刊》第三卷第三期，1935 年 3 月)

份看属于公司的高级白领，可以想见他们在上海找到的这处住宅有着与母国相同甚至更高的居住品质，有趣的是在法商东方汽车公司担任销售总监的住户也是叫考夫曼，巧与公寓同名，不知道他后来有没有也回国参加第二次世界大战。

从建筑外观上看，国富门公寓属于晚期装饰艺术派，略具现代派建筑的形式。原来楼高是 4 层，平屋顶往往是现代派建筑师喜欢用的形式，形成的大晒台周遭设有女儿墙围护，为住户提供了一处半开放的、安全的室外活动空间（现在没有了，因加层上部已被改变）。公寓楼占据着武康路湖南路口街角一隅，主立面朝向东北街心，两翼稍稍向后展开，形成沿街折角的三个立面，与对面的密丹公寓相互呼应。主立面三、四层有混凝土悬挑的阳台，因此住户无论在阳台还是在窗前都会获得良好的视野，横线条钢管栏杆的做法也体现了现代派的特征，楼层间饰以横向间隔排布的双线凹槽，并以此沟通三个立面，除此之外更无多余装饰，大开扇钢门窗是建筑标准化、工厂化生产的特征，也与现代派理念合拍。东侧与北侧中部墙面逐层凸出，除可获得更多室内空间外，会使立面显得生动。

不过从《建筑月刊》刊载的建筑效果图上我们却可以看到与今天不同的外立面，建筑原本应该有很明显的横、竖向线条及色彩的对比。这正是识别晚期装饰艺术派建筑的重要表征，即形体上和现代派建筑趋于一致，外观上仍强调要有节制的装饰。所以每层楼的窗间墙上均贴有竖向纹理的硬陶面砖，顶部压檐也有饰带。可惜现在均已无存，想来应该是在建筑加层、外墙整修时被抹去的，只剩下了两道线脚算是识别楼层的标记，这种修缮可是对原创者很不尊重呢，期待以后再次修缮时能够恢复原貌。

在考察室内设计时，我们看到了更多装饰艺术风格的图案。主入口门上镶嵌有熟铁线条勾勒的南太平洋天堂鸟造型，室内镶嵌花纹的明黄色水磨石地面和同色系墙面仍旧貌可辨。水磨石工艺同样被用于楼梯踏步，只是为了便于施工，木扶手的钢支撑杆均被植于楼梯的侧面，考虑可谓周全，直到今天楼道清洁工还会感念这种设计呢！各居室间的门玻璃上也都嵌有熟铁锻造的飞鸟造型，构图线条简洁明快，能让人过目不忘，正是装饰艺术的魅力。因建筑用地局促，单元户内空间折角较多，过道及次要房间多数形状不规则。但居住功能并未因此而简化，房间小而适度的感觉得益于因地制宜开设了采光窗，和充分利用空间设置的多个壁橱。公寓北侧还有备用楼梯通道，空间狭小越发体现出了建筑师高超的技艺和细致、体贴的设计。未曾料想的是楼内居然还安装有壁炉和水汀双重供暖系统。我们知道，壁炉能够唤起人对传统家居生活的向往，水汀在那个时代则让你拥抱现代生活，这样的配置并非多余，是为了能让住户诗意栖居，生活在传统和现代的双重感觉之中。

该公寓自建成后一直作为民居，现主体风貌尚存，室内保存尚好，可惜原双重采暖系统多已拆除，部分单元结构有所改建。门上天堂鸟的造型应为手工锻造，有较高的工艺美术价值。我们常说优秀历史建筑具有艺术的、科学的和历史的三种价值，看来国富门公寓一个都不少。

开普敦公寓

钱宗灏

　　开普敦公寓与国富门公寓紧贴在一起，都是建造在不规则地块上面，而且更小，占地面积仅有 126.7 平方米，只相当于今天一套普通的三房两厅居室，但是建筑师却硬生生地在这上面盖起了一座楼房，真的是匪夷所思！

　　熟悉鲁迅的人可能读到过这样的文字：三间正屋的后面，中间突出了一点。鲁迅先生指着那凸着的地方说："这一间小房子，在北京是叫做'老虎尾巴'的；从整排房屋看来，这好像是伏在地面上的老虎拖出的尾巴，所以叫做老虎尾巴。"开普敦公寓的情况差不多也是那样，它建造在原法租界 14069 号地块凸着的地方上，让人自然想起它就是 14069 号地块的老虎尾巴。其实在 1936 年之前，14067 号和 14069 号地块上都还没有建造房子，地皮天天晒太阳。国富门公寓造好以后情势发生了变化，因为楼比较高，挡住了很大一片阳光，东来的紫气也全进了国富门公寓，使得 14069

号地块的风水变差了，开发成了难题，为此地产的业主十分郁闷。后来到了1940年被公和洋行看中了地块沿福开森路的一侧，买下来建造开普敦公寓用作员工的宿舍。14069号地块的业主于是用卖地得来的钱在地块的北面，沿居尔典路一侧建造了一栋4层楼公寓，即现在的湖南路261号老公寓。中间那一块地因整个上午都背阴，则只能空着，到现在仍然是261号公寓、国富门公寓和开普敦公寓三栋楼围合处的一个庭园。

开普敦公寓的建设用地确实非常局促，以至于连墙角都是紧贴着红线起的，这样的工程也只有请老资格的公和洋行来操刀才能做得下来，他们名声在外，设计老到，技术精湛，人头等各方面都驾轻就熟，才有可能建成几十年后仍然让人感到惊艳的房子。

还有一件事情亦让人好生疑惑，即开普敦公寓的名称。一栋小公寓为什么会取名"开普敦"，会有什么故事吗？要知道南非开普敦离上海可是相当遥远，两座城市也没有什么传统的友谊，唯一让老上海人略微知道的人文交往只有20世纪30年代后期的南非大法官费唐，他接受了公共租界工部局的邀请到上海来做租界历史及行政、法律制度等方面的调查，留下一份报告后也就回去了，跟法国人和法租界没啥关系。为此笔者还曾专门问过当地的居民，也皆云不知。看来若要解开这个疑团还是应该找出公寓的英文或法文原名。这个很容易，一查便知。原来公寓的英文名称不是

Capetown，而是 Kempton，那是个英格兰人的古老姓氏，现在一般译成"肯普顿"，公和洋行是家十足的英资机构，取此名称也当顺理成章，这么看来是闹了场乌龙，只是"开普敦公寓"早已让上海人给叫顺了口，也只能将错就错了。

开普敦公寓最初的用户和业主都是公和洋行。公和洋行总部设在香港，名称按音译叫做"巴马丹拿"。1911 年到上海设立分行时才起名"公和"，后来成为上海实力最强的建筑设计机构。主要作品有外滩麦加利银行大楼、汇丰银行大楼、海关大楼、沙逊大厦等，以及南京路永安公司、虎丘路犹太会堂、虹桥路沙逊别墅等。这些作品至今仍然是上海历史建筑中的翘楚。

1941 年太平洋战争爆发后，开普敦公寓被日军劫夺，并于 1942 年转给伪"复兴银行"作为行址，两年后又转属"中支振兴株式会社"的中大银行所有。伪复兴银行成立于汪伪时的上海，主要承办货币兑换、存放款及汇兑业务，还代理公库，这幢老公寓曾是其办事处之一。银行行长孙曜东，1912 年出生，安徽寿县人。曾叔祖孙家鼐，为光绪皇帝师傅，祖、父均为官僚。他生于北京，长于上海，就读于圣约翰大学，后留美，专攻金融，毕业后回沪又从事金融业，任法商洋行买办、重庆银公司经理。在汪伪时除了任复兴银行行长、中国银行监察人外，还担任大汉奸周佛海的机要秘书，在伪政权中是个核心人物。抗战胜利后，坐了牢房，又曾与中共地下党联系，在杨帆领导下做秘密工作，策反过军统重要人物邓葆光。在政权交替之际，为辞旧迎新做了贡献。后 1955 年"潘杨冤案"事发，又被牵连入狱，在安徽白茅岭农场劳动改造。1975 年遇特赦返沪，晚年担任徐汇区政协侨联高级顾问。他的一生经历极为丰富，世家出身，大富大贵，做过汉奸，又有功于新中国；民国时，黑道白道都趟得开，曾帮张伯驹逃脱绑票之灾，与众名伶交好，与明星舞女有染，更与大汉奸如梁鸿志、周佛海、谢芝庭、唐寿民等交往频繁；晚年有口述回忆录《浮世万象》为其一生见闻作录。

上海解放后这幢老公寓由人民政府房管部门接收，以所在道路序号改称为二四〇公寓。底层是附属用房，楼上是住宅，每层一套，计三层，建筑面积 429 平方米，曾居住过许多银行中高层的职员，现在仍然是民居。

现在看来公和洋行在做这个项目时，其设计思想已经越来越接近方兴未艾的现代派的主张了。兼之这个项目他们自己就是甲方，所以更加毫无拘束、尽情挥洒，绘出的作品形态生动、造型张扬，颠覆了人们对建筑的传统认识，更显示了建筑师大胆自由的创作尝试。最特别的是它三棱体的外形，巧妙地契合了地形。公寓南端的锐角作弧形处理不仅仅是为了张扬个性，还有功能上的考虑。它除了可以减低风切变对建筑的影响外，开设在转角端部的小窗还能产生风洞效果，可以将气流引入室内起到流通空气的作用。因为整套公寓只有这一小间房是朝向正南的，当夏季开启窗户，凉爽的

开普敦公寓

东南风可以长驱直入，而冬天寒冷的西北风则最大限度地被挡在了窗外，并且在每年冬至前后的几天里温暖的阳光还会洒满房间，相信建筑师是经过精确计算的。再来看沿街朝东的主立面：水泥砂浆粉刷的外墙面不事装饰，突出有通贯三层的矩形混凝土条框，框内列置组合钢窗，二层以上中部略有突出，使得不大的立面凹凸有致，也增加了室内的有效面积。局部小窗以突出的圆框勾边，令人联想起轮船上的舷窗，故而常有评论说它像一艘航行中的船只；西立面则不设一窗，留下了整幅板墙。

在室内设计方面同样值得称道，正是在这类狭小的空间里，经历过欧洲现代设计思潮熏陶的建筑师找到了用武之地，他们以创新的设计手法成就了这类小型建筑的完善和生机。细节设计上更充满了意匠：壁炉、壁龛；小巧的门厅、错层及可随性倚坐的矮墙，在在体现人本主义的理念和巧妙的空间构思。公寓的底层配置车库及服务设施用房，二至四层配置了三套独用公寓，临街有窗，布置客厅、起居室和卧室等主人日常使用的房间；边角处安排楼梯、厨房、储藏及卫生间等，布局虽然紧凑但居住功能完备。建筑内部门厅、楼道等公共区域以红黑色马赛克铺地，黄釉瓷砖贴面护墙，楼梯水磨石封栏、钢管扶手，现代感强烈。

从事建筑设计的人都知道，最头疼的便是配置室内房间的大小和朝向，尤其当建筑平面不规则时，其难度极高。不知道是公和洋行中的哪位建筑师做的设计，真是举重若轻！

原来以为公和洋行都是做大的建筑项目，设计思想偏向保守和古典，谁知道也做像开普敦这样小巧现代的作品。真是小而美，与他们在外滩打造的"高大上"形成鲜明对比！

现建筑物主体风貌完整，结构稳定，内部虽已陈旧，但保存尚好，局部有改扩建现象。作为已经挂牌的市优秀历史建筑，管理部门应尽量恢复建筑物原始立面风采，住户亦应珍惜，控制违章搭建和粗糙的维修行为。

武康路 274 号

钱宗灏

以前在福开森路上是没有 274 号这一门牌的，因为在 1932、1936、1938 年出版的《字林报行名簿》上均没有找到这个地址。即便后来改名武康路了也同样没有 274 号，因为 1948 年出版的《上海市行号路图录》上面也没有找着。但从现在武康路 274 号门口的挂牌文字上来看，似乎"274 号"这幢房子在 20 世纪 20 年代后期就已经有了。这就有点复杂了，难不成史料记载有误？我们姑且不说那个时候上海会不会已经有这种现代派建筑了，先要弄清楚这个 274 号的来历才要紧！仔细寻找、比对了《上海市行号路图录》，才发现与现在武康路 274 号相对应的位置上是建造有房子的，但标明是武康路 286 弄 4 号而不是 274 号。相信这不会有错！应该靠谱。并且我们还可以从图上发现，它和东面的 270、272 号建筑一样，前面都有很大、很宽阔的花园。再找来 1990 年出版的《上海市商

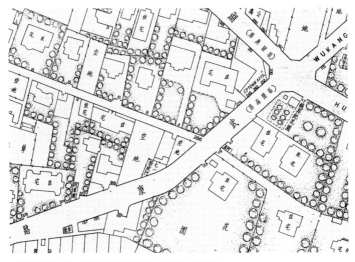

武康路 274 号（原武康路 286 弄 4 号）位置图
（《上海市行号路图录》，1948 年）

用地图》对照，原先花园的位置已经盖上了房子，名称标注着的是淮海中路第二小学，即现在的世界小学。这样一来就全明白了，原来是在建造这栋小学校舍的时候，将 270、272 号和 286 弄 4 号花园的土地给占用了。校舍建造完后，286 弄 4 号的进出通道被堵，于是改由武康路进出，这么就平添了一个武康路 274 号。读者朋友不要以为这样的事情匪夷所思，在当时的历史背景下是完全可能的。另外还可以看到原来的 286 弄此时改成了 280 弄，但这个改动已经没必要去深究了，倒是关于世界小学，据查：

世界小学，前身为上海世界学校，由著名教育学者陶玄受蔡元培先生之邀，与李石曾、张静江等在淮海中路 1788 号（原霞飞路 1836 号）创办从幼儿园到高中的一贯制学校。学校隶属世界社。1946 年改名为上海世界小学，1950 年改名常熟区私立世界小学。1956 年改为公立，同时改名为淮海中路第二小学。1965 年迁入武康路 280 弄 2 号现址。2008 年恢复上海世界小学原校名。

这段文字告诉了我们这样一个事实：即要晚到 1965 年武康路上才有 274 号这个地址。看来相关管理部门应该在现有挂牌的文字后面添上一个括弧，其中写上："原武康路 286 弄 4 号"，这就符合历史变迁的真实情况了。

讲清楚地址问题后，再来辨析一下这幢房子的建造时间。说它建于 20 世纪 20 年代晚期，但又没有给出史料依据，这肯定让人怀疑。要知道那时候现代建筑即使在欧洲也还是新生事物，作为一股潮流恐怕还没来得及传到上海呢，兼之在前面提到的《行名簿》上也找不到记录，这就更证明了它还没有出生嘛。我倒是在想，会不会有人将这栋房子与隔壁 270、272 号古典主义花园住宅搞混了？它们才是 20 世纪 20 年代上海流行的花园住宅样式。按我的推测，理论上 274 号的建造年份应该是在 1938—1948 年之间，刨去太平洋战争的那几年里不太可能造，事实上应当是在 1930 年代晚期或者 20 世纪 40 年代初期，那时候上海的有钱人流行建造两种风格的花园洋房：一种是西班牙式，造价相对比较便宜；另一种就是现代派了，比较受喜欢赶潮流的人青睐，当然这个结论还有待今后发现新的史料去证实。

武康路 274 号现在是以"郑洞国旧居"的名义为世人所知晓的，介绍这幢房子的文字上说郑洞国于 1950—1952 年在此居住，那么满打满算也才三年时间。在此之前的郑洞国将军半生都是戎马倥偬，不可能在上海置办房产，因此这房子也不会是他自己造的或者买下来的。且其时上海已经解放，应该是政府部门为了安置这位抗战英雄、正直的国民党将领而分配给他居住和使用的。后来他离开了上海，房管部门又安排别人入住，直到今天仍为民居。这段历史都很清楚，问题是 1950 年之前的历史，当年是谁建造了这栋花园洋房？设计者、施工者是谁？后来又是在什么样的情势下成了空置房？至今都还是一个谜。笔者也只查到了该房产在租界时代的地籍编号：法册 14074 号，其他公开的资料上都不见其踪影，看来彻底揭开它的身世之谜还需时日。

现在该住宅占地面积也不能算小，有南北花园，分布面积约达 1300 平方米。其中主体建筑占地 315 平方米，呈 L 型分布，为二层砖混结构的现代风格建筑，局部有线脚装饰，这说明设计师仍受有装饰艺术派的影响，纯粹的现代派是不要任何装饰的。建筑南立面二层中部有钢筋混凝土悬挑的大阳台，左右对称，而真正的现代派是不要对称的。浅黄

武康路274号建筑南立面

色水泥拉毛墙面以赤陶面砖饰带收口，加上红砖勒脚，立砖横砌的窗台都显得简洁明快，看上去很舒服，但在现代派建筑师看来则是多余的。只有等你转到建筑的后部，才会看到建筑师已经冲破了对称构图的藩篱了，那里有突出的半圆形楼厅，其外墙为大块玻璃窗，主入口有扇形的踏步、雨厦、小楼台和外置的楼梯等，这些才是现代派建筑师喜用的做法。

　　目前建筑结构稳定，南立面露天阳台已封窗加顶为房，墙面见有维修钢梯通往楼顶，应是原物，平顶无檐不设平台。北侧内院中间设有花坛，四周环绕分布着原来的汽车间和辅助用房等，但现都已改变用途成了居室，只看到原先的

武康路 274 号北立面

整体布局十分合理，今已年久失修，呈破败之相，且多处进行了改扩建。内部则保存更差，多处搭建，花园久已荒芜。该建筑产权隶属徐房集团，现有十一户居民合用，居住条件并不理想，看来若要成为武康路风貌区中的一处景观，一定要另外想辙。

郑洞国（1903—1991），湖南石门人。父亲郑定琼以种田为业，兼做裁缝。母亲陈英教，生育子女5人，郑洞国排行最末。七岁启蒙读《论语》等书，后进乡间私塾。1917年转入全部采用西式教学的石门中学附属小学，学生时代曾参加过"五四"运动。1924年他顶用别人姓名通过考试成为黄埔军校第一期的学生并加入国民党，毕业后曾参加东征和北伐。1926年11月因功升任国民革命军第1军3师8团团长。

郑洞国是最早参加抗日战争的国民党将领之一。1933年初即率部参加长城古北口对日作战，1936年晋升陆军少将，参加平汉路保定会战。1938年3月，郑洞国率第2师参加徐州会战，取得台儿庄大捷。1939年昆仑关战役后，郑洞国带领的荣誉第1师扩编为新编第11军军长，旋改番号为第8军，率部参加枣宜会战，并担任宜昌以西、宜都以北长江一线防务近两年之久，多次击退日军进攻。1943年初，郑洞国受命担任中国驻印军新1军军长。该军最初是由1942年春中国远征军入缅作战失利后退入印度的新38师、新22师组成的，以后又由国内空运补充了大批兵员，当时均驻在位于印度加尔各答西北的兰姆珈营地，接受美军的装备和训练，为尔后反攻缅北，打通滇缅国际交通线做准备。1943年11月底，蒋介石在参加完开罗会议的归国途中，携夫人宋美龄曾于兰姆珈作短暂停留，视察了训练营地。在看到受检部队装备精良、队伍严整、官兵精神饱满、士气旺盛之后，蒋介石深表满意，1945年晋升其为陆军中将。1945年9月初，郑洞国随第三方面军司令官汤恩伯等抵沪，接收上海、南京。不久又赴南京，参加了由何应钦将军主持的受降仪式，目睹日本侵华军总司令冈村宁次在投降书上签了字。此后，郑洞国兼任京沪警备副总司令，经常往返京沪两地。

1946年2月，正指挥大军抢占东北的国民党东北保安司令长官杜聿明因重病在北平就医，特电请郑洞国去东北代其主持军务。其后三年东北内战时期，郑洞国指挥了热河攻略和两次四平街会战。1948年9月中旬，东北解放军发起声势浩大的辽沈战役，10月中旬，解放军攻克锦州，切断了东北国民党军队通往关内的咽喉要道，在长春、沈阳等地的几十万国民党军队顿成瓮中之鳖。蒋介石曾几次严令郑洞国率部向沈阳突围，皆因守军长期饥饿，体力虚弱，士气低落，部下将领皆无突围信心而未果，但郑洞国仍决心为"党国"效忠到底，拒绝了解放军方面要其停止抵抗的要求，率特务团死守中央银行大楼，还亲笔写下与蒋介石的诀别书。然而19日上午，新7军全体官兵宣布放下武器。21日凌晨，据守长春中央银行大楼的兵团直属部队以突围为名挟持郑洞国放下了武器投诚，长春获得了解放。

1950 年，他去上海治病路过北京时，受到周恩来总理的接见，肖劲光和肖华两位将军劝他出来工作，他以不愿与故旧兵戎相见为借口而拒绝。1952 年 6 月举家迁往北京，任水利部参事和全国政协文史专员。1954 年 9 月，在第一届全国人民代表大会第一次会议上，毛泽东主席亲自提议他为国防委员会委员，受到毛泽东主席的亲切接见和家宴招待。郑洞国是全国政协第三、四届委员，第五、六、七届常委，黄埔同学会副会长；自 1979 年起任中国国民党革命委员会副主席。

1991 年 1 月 27 日，郑洞国病逝于北京，享年八十八岁。2 月 26 日，遗体告别仪式在北京八宝山公墓礼堂举行。几乎与此同时，在海峡彼岸，也举行了郑洞国追悼仪式。在数百名黄埔系的将领中，他是两位同被两岸追悼的将领中的一位。2006 年清明时节，根据将军生前遗愿，郑氏亲属将其骨灰由北京八宝山迁回原籍石门，安葬于夹山南麓。

老上海的"老宅基"

钱宗灏

关于武康路 280 弄 64 号建筑的历史资料真可谓是凤毛麟角。我们只知道今武康路 280 弄一带自明清以来一直是李姓居民的世居之地,名之曰"李家宅"。上海开埠以后,随着李姓家族人丁繁衍生息,聚居地也不断扩大,1914 年法租界西区建立后,地区内城市化进程迅速展开,渐次有了"北李家宅"、"南李家宅"等聚落。有资料显示至迟到 20 世纪 40 年代初,今 280 弄东段已成通衢,但向西尚未通达今兴国路,弄内多数房子仍被人称之为"老宅基"。然而当我们查阅到《上海市行号路图录》时,就已经可以看到贯通武康路和兴国路的 286 弄(280 弄旧称)了,这说明整条里弄的形成时间大约是在 20 世纪 40 年代末,但弄内多数居民仍然是李姓,所以当时这条里弄又被称为"李家宅弄"。李姓居民们舒服地住在祖传的房子里,同时也享受着城市文明带来的便利,对人则自称是这里的"老土地"。但也有人更愿意迁居到外面的世界里，于是便通过转让自己的宅基地获得建立新家的费用，同时给城市里的其他人提供自己盖房子的机会，慢慢弄内也有了一些新式住宅，相信本文讲的64号也是在这样的背景下建造起来的。

到20世纪80年代，武康路280弄里已衍生出甲、乙、丙、丁4条支弄，人口密度也达到最高，狭窄的支弄以及乱搭乱建使得居民生活品质恶化，公用自来水、马桶、煤球炉等成了日常生活中的一大景观。随后上海改革开放深入，市、区两级政府与民办实事，城市更新也在加快进行，至80年代后期大部分本地房子均已拆迁，甲、乙、丙、丁4条支弄亦不复存在。

2008年第三次文物普查时，专业人员曾对64号花园住宅进行了考察和记录。建筑外观为简化的西班牙风格花园住宅，二层砖木结构，水泥拉毛外墙，使用的建材品质属于一般。根据其形制初步判断该房屋应建于1945年前后，1996年曾进行过大修，由于当时尚缺乏保护意识，故外立面变化较大，南立面改变尤其严重，基本已经看不出原先的柱式与墙面特征。目前外墙为水泥砂浆抹层，钢筋水泥圆柱，檐口局部有券齿线脚，但做工粗糙。室内已几乎没有装饰。房屋内外的原始风貌基本丧失殆尽，建筑的科学、艺术价值相对较差。只是新中国成立后，这里一直是老红军林道生的住宅，故有一定的人文历史价值。

林道生 （1917—2014）

　　林道生，1917 年 8 月出生，湖北黄冈人。1936 年 4 月加入红军 28 军便衣队，同年入党。1937 年 11 月任新四军四支队司令部政治部文书、科员、总支书记，江北指挥部军法处科员，2 师 6 旅政治部股长、副科长、科长。1943 年 9 月任淮南、路东专署公安局局长。1948 年 7 月任华东社会部干部组组长、山东济南华东警官学校教育长、上海警务学校副校长。1950 年 2 月任华东公安部人事处、治安处处长。1952 年 9 月任上海市公安局治安处处长、副局长兼政治部主任。1954 年 3 月至 1966 年 8 月在上海市检察院任副检察长、检察长。1966 年 8 月至 1973 年 9 月因"文革"被隔离审查。

1973 年 9 月至 1978 年 8 月在上海市公安局任党委常委、副书记。1978 年 8 月至 1981 年 9 月在上海市公安局任党组副书记、副局长。1981 年 9 月至 1985 年 12 月在上海市公安局任顾问。2014 年 11 月 15 日因病逝世。

陈云裳旧居

宋浩杰

漫步林荫，随意徜徉在这条闲适淡雅的武康路上，或许不经意间，你又如同海中拾贝一样，掰开了一个令人兴奋的秘密。此时，站在曾经的福开森路 321 号面前，不知是否还能触摸到当年在上海同时收获事业和爱情的明星陈云裳生活的足迹。

云想衣裳花想容

1919 年 8 月，一个名为陈民强的女孩在香港呱呱坠地，后随父母移居广州。这个天真活泼能唱善跳的女孩儿似乎生来便与演艺事业有缘，从小就立志要进入演艺圈。十四岁时参加了广州文艺团体"素社"，跟随广州著名的民间音乐人易剑泉学习曲艺。老师见她聪慧敏学，便从李白的诗句"云想衣裳花想容"中为陈民强取了个艺名"云裳"。从此以

陈云裳（1919—2016）

后，这个如花似玉的女子便与电影结下了深深的缘分。

　　1935年，陈云裳在广州声片公司拍摄的影片《粉碎姑苏台》中担当主演，后受邀到天一影片公司香港分公司摄制的影片《火烧阿房宫》中主演古典歌舞。由于过硬的功底和出色的演技，她开始受到人们的关注。1936年她主演了《新青年》这一具有革命奋斗精神的影片，更加巩固了自己在观众当中的知名度。陈云裳还相继主演了多部抗日题材的粤语影片，诸如《天下为公》《大义灭亲》《焦土抗战》《血溅宝山城》等，受到了观众的好评。

落户浦江，影坛封后

抗日战争爆发，上海沦为"孤岛"以后，摄制抗日影片日益受到限制。新华影业公司到香港请剧作家欧阳予倩编写古装戏《木兰从军》，欧阳予倩以借古喻今的手法，含蓄地表现花木兰智勇双全，杀敌卫国的故事。1938年新华影业公司老板张善琨专程到香港去物色女主演，看中了能说国语的陈云裳，随即敲定她在戏中的角色。于是这部借古喻今的大戏《木兰从军》便开始了拍摄，由卜万苍导演，陈云裳担任主演饰花木兰，另一演员梅熹饰刘元度。

《木兰从军》公映后，在"孤岛"电影界轰动一时，它给孤岛电影带来了曙光。陈云裳演活了花木兰，受到人们的喜爱，她在影片中唱的插曲也给人们留下了深刻的印象。沪上各影业公司纷纷拍摄爱国历史影片，海外媒体也相继予以报道和推荐。随着《木兰从军》的热映，陈云裳开始走红影坛，成为广大电影迷的崇拜偶像，红极一时。

之后，陈云裳的演艺事业也逐渐从广州转向了上海。1941年，巴金名著《家》改编成电影，由卜万苍导演，陈云裳在影片中扮演琴表妹，演技精湛，好评如潮。从1938年起，至1943年告别影坛止，陈云裳在上海一共拍摄了《一夜皇后》《风流大姐》《牡丹花下》《博爱》等20多部电影，与当时影坛明星胡蝶、周璇齐名。

陈云裳在上海知名度日益升高，或许连她自己也从未料到。1940 年，上海发行量最大的电影杂志《青青电影》举办"影迷心爱的影星"选举活动，陈云裳一举击败了袁美云、顾兰君、陈燕燕等其他红星名列榜首，成为第三届"中国电影皇后"。上海滩随即出现了一股"云裳热"。当时有很多商店都以"云裳"为名：云裳时装公司、云裳舞厅、云裳咖啡馆等。

甜蜜息影，经营婚姻

或许天生性格开朗活泼，陈云裳的爱情婚姻也总是充满了幸福与甜蜜。陈云裳的爱人汤于翰上海国立医科大学毕业后进入比利时鲁汶大学，获得博士学位。在此期间，被选为伦敦皇家内科医学院院士和爱丁堡皇家内科医学院院士，从事病理学研究和行医，是当时医学界的癌症专家，也是上海中比镭锭医院（现复旦大学附属肿瘤医院）院长。两人经朋友介绍最终喜结连理。

其实嫁给医生的确让陈云裳如愿以偿。少女时代的她曾有两个梦想：第一个梦想就是成为演员，实现了；第二个梦想就是"将来能嫁给一个医生就好了！"因为她的父亲曾经长期卧病在床，她日盼夜盼希望父亲的病能早日痊愈，而救星就是穿白大褂的医生。

经历了甜蜜的恋爱，两人于 1943 年在花园饭店举行了婚礼，共结秦晋之好。有趣的是，婚礼上，本来只发出了500张请帖，但是当天"慕名而来"的宾客远不止这个数目。有人甚至伪造了请帖，希望一睹影后的风采，最后连婚礼蛋糕都被瓜分一空。幸福甜蜜的陈云裳也在婚礼上宣布急流勇退，告别影坛，全心全意做一名家庭主妇。

两人新婚燕尔，《新影坛》记者陈维便前往陈云裳新婚住处访问，细致描绘了婚房："这间会客室是布置得够华丽的，四周墙上漆着淡黄的油漆，墙角里装着隐蔽的壁灯。靠右面是一架白色的钢琴，钢琴上放着一张陈云裳和他新婚夫婿汤于翰博士合摄的照片，还有一个玲珑的白纱洋娃娃。钢琴的一边是一架奶油色的玻璃橱，橱里是不少祝贺新婚的银盾。橱的前面是三张灰色的丝绒沙发，围成一个小小的圈，圈的中间是一架洋式的茶几，玻璃上面放着一只水晶的花瓶，花瓶里插着新开的水仙花，在吐着淡淡的清香。"当时，陈云裳在陈维眼里"还是那么的年轻、天真、娇丽，陈云裳并没有因为结婚而改变什么"。（《陈云裳的婚后生活》，《新影坛》第2卷第1期，1943年10月1日）

在这个处处洋溢着温情的家中，陈云裳尽职尽责地承担着照顾家庭的责任，为丈夫的工作提供坚强的后盾。她常说："我在当演员的时候，力求做一个好演员；结婚以后，我要尽最大的努力做一个好妻子；生儿育女以后，要尽最大的努力去做一个好母亲。"

新婚后的第三天一大早，汤于翰便匆匆坐火车去南京为病人治病。陈云裳知道丈夫志在拯救需要医治的病人，岂能为了个人温馨而见死不救？她说："我们初婚的时候，我丈夫颇为内疚，有时，一同参加热闹的宴会，他却突然要离开；有时深更半夜，他又忽然要出诊了。其实，他不必向我解释，我也能理解一个忠于职守的医生，应该怎样对待工作。我反过来奉劝他，不要为这些事耿耿于怀，应该早一分钟去抢救病人。"

在福开森路 321 号这个温暖的家中，曾经的影星也同平常人一样，过着平凡安静的生活。她这样安排生活："因为我是一个好动的人，所以在上午，我要运动、读书、唱歌、弹琴和计划购买小菜。中午，我要到厨房里去亲自动手，下午可以空些了，我要烫衣服，看画报，驾车，骑马，拍球，总之，我一天的时间，分配得干干净净了。"

在家里，陈云裳的生活重心完全从电影转移到丈夫身上。平日操持家务，抚育教养一双女儿和一个儿子。又要充当丈夫的私人秘书，由于工作关系，汤于翰信件繁多，陈云裳都会帮忙拆阅分类。把家里的一切都打点好，陈云裳又花了不少时间学习服装、发型设计和室内设计。

其实汤于翰在医学界名声赫赫，香港各大医院都争相聘请其为顾问。他还很有生意头脑，20 世纪 50 年代开始与霍英东合作成立福堂公司，经营房地产生意，成为医学界首屈一指的富豪。

陈云裳随夫出访各国，游历四方，生活丰裕，身体也很健康。在汤于翰的影响下，陈云裳也养成了素食的习惯，并注重锻炼，精神健旺。汤氏伉俪在生活上崇尚俭朴，平日不吸烟、不喝酒，饮食有序。汤于翰自幼立志吃长斋，陈云裳也吃斋。他们吃饭完毕，饭碗里决不剩一颗饭粒，这种美德，源于古训"一粥一饭，当思来之不易"。

1945年，陈云裳随夫移居香港，重新回到了自己出生的地方，也离开了成就她电影美梦的上海，从此过着清淡闲适又温馨美满的生活。除1952年，曾为香港新华影业公司主演了《月儿弯弯照九州》等几部影片外，陈云裳一直专心经营着家庭生活，很少在公开场合露面。

2016年6月29日晚，陈云裳在家中安睡去世，终年九十七岁。

贝祖诒、蒋士云夫妇旧居

薛理勇

　　贝聿铭先生是世界著名建筑师，在世界各国留下了许多杰出的作品。贝聿铭也是世界著名华人，他的英文名字叫 I. M. Pei，外国人称呼"I. M. Pei"犹如说"I'm Pei"，就像在说"我是贝"，于是大家经常会因为他的英文名字闹笑话，时间长了，都对此习以为常；但是，这也使"I. M. Pei"的名字更容易被大家记住。贝聿铭曾经也是福开森路（今武康路）的常客，福开森路是他一辈子铭记于心的地方，20 世纪 70 年代中国与美国建交后，贝聿铭还重访武康路，寻找旧时的记忆，此源于他的父亲贝祖诒。我们还是从头说起吧。

　　贝聿铭的祖父、贝祖诒的父亲叫贝理泰，是苏州贝氏的第十三世孙，出生于清同治五年（1866），与近代中国"颜料大王"贝润生属于"同门兄弟"，年龄也相仿。贝理泰的父亲叫贝晋恩，和贝理泰一样均是秀才出身，因家境贫寒，

贝聿铭在卢浮宫金字塔模型前

被迫投笔从戎，后来当了"杭州府西塘海防同知"，就是负责浙江沿海海防的武官。1861年，太平军东进军进攻浙江，杭州失守，浙江巡抚王有龄自缢身亡，贝晋恩跟着倒霉，根据大清惯例，贝理泰以荫庇获"五品衔承运浙漕功保监大使分省补用"（这个名称很长，实际上是一个虚衔）。后来，贝理泰被苏州知府招为幕僚，负责苏州财政，被人们称为"钱谷师爷"。1911年10月10日武昌起义爆发后，全国各地纷纷宣告"独立"，苏州是江南最富庶的城市之一，各路军阀为争夺苏州的斗争很是激烈。贝理泰是主管苏州财政的官吏，凭借个人的智慧和胆魄，周旋于军阀与兵痞之间，总算保得一方平安。

苏州与上海相邻，水路和铁路直接相通，贝理泰在主管苏州财政期间，结识了上海和江苏的不少银行家和实业家，并开始认识到金融对社会经济发展的重要作用。1915年，陈光甫、庄篆（字得之，是盛宣怀的亲戚）、李铭等筹备成立上海商业储蓄银行，计划集资10万元（实收8万元），其中贝理泰出资5千元，成为主要股东之一。根据银行指示，贝理泰在苏州成立上海商业储蓄银行苏州分行，任行长。

贝理泰生育8子4女，贝祖诒（字淞荪，1893—1979）排行老三。当时，总部设在上海的美国基督教监理会在苏州创办博习书院，宋子文的父亲宋嘉树是美国基督教监理会牧师，被派往苏州工作。贝理泰是较早接触西方文化的苏州人，于是，他的许多子女就读于博习书院，贝祖诒也进入博习书院，成了宋嘉树的学生，并结识了宋子文。1908 年，美国政府批准将"庚子赔款"的余款设立"庚款基金会"，用于发展中国的文化教育事业，美国基督教监理会获得一笔资金，把上海的"中西书院"迁往苏州，与博习书院合并建立"东吴大学"。于是，贝祖诒进了东吴大学。读书期间，他认识了庄箓的女儿，后来二人结为夫妻。庄氏就是贝聿铭的母亲，这是后话了。1911 年，十八岁的贝祖诒完成了东吴大学的学业，在庄箓的推荐下进了盛宣怀掌管的汉冶萍公司上海办事处，任主管会计，走上了独立创业之路。

1916 年，盛宣怀逝世，汉冶萍公司处于一片混乱之中，贝祖诒经庄箓、陈光甫、贝润生、虞洽卿等人的推荐，进了北京中国银行总行会计部。不久，贝祖诒又被总行派往广州中国银行分行，任会计部主任。

1924 年，广州政府为了筹集资金，计划动用中国银行广州分行的资金，将广州分行改组为广州政府中央银行。对银行管理层来讲，这是性命攸关的大事情，中国银行广州分行行长闻风后逃离广州，未来得及逃离的贝祖诒被广州政府监视，强迫签字交出全部资金。贝祖诒骑虎难下，进退两难。后来，贝祖诒邀请许多外国朋友到家里做客，乘机男扮女装，混入外国人群逃离广州到了香港，主管中国银行香港分行业务。

1927 年，以蒋介石为首的南京国民政府成立，中国的政治中心从北京向南京、上海转移，原来设在北京的中国银行总部奉命迁到上海。贝祖诒的工作责任心和金融才华有目共睹，中国银行得到蒋介石不追究贝祖诒"脱离"广州的"罪责"的指示后，电招贝祖诒回上海，出任中国银行副总裁。这里有一个小故事，根据 1898 年中英签订的《展拓香港界址专条》，清政府同意把九龙租借给港英当局，租借期为 99 年；1997 年《展拓香港界址专条》期满时，中国政府将收回九龙、香港岛。从 20 世纪 80 年代起，中英关于收回香港的谈判便在紧锣密鼓地进行着。当时中国政府决定重建中国银行香港分行大楼，对这幢大楼的设计和建设要求很高，于是希望在美国的贝聿铭先生担此重任，由于种种原因，贝聿铭拒绝了。1982 年，中国银行派代表团赴美国，找到了八十二岁的贝祖诒。贝祖诒曾经是中国银行的总裁，还是中国银行香港分行的创始人和主要负责人，对香港、对中国银行香港分行有特殊的情感。在贝祖诒的劝说下，贝聿铭才接受了重建中国银行香港分行大楼的委托，并出色地完成了设计和建造。直到今天，巍然耸立的中国银行香港分行大楼依然是香港的标志性建筑。

贝聿铭，1917 年 4 月 26 日（农历三月初六）出生于广州，后来又与父亲贝祖诒"避难香港"，1928 年随父亲来到上海，能操一口流利的吴侬软语和广东话。贝祖诒回上海后居住在银行提供的福煦路明德里（延安中路 545 弄）沿街的住宅。1930 年，贝祖诒原配庄氏患癌症在苏州逝世，这对贝祖诒、贝聿铭都是沉重的打击。料理好妻子的后事，贝祖诒回到上海，但是精神萎靡不振。于是，中国银行确定派贝祖诒随团赴欧洲考察，实际上就是旅游度假。

蒋廷黻（1895—1965），字绥章，西名 Tingfu F. Tsiang，湖南邵阳人。历史学家、外交家。辛亥革命前肄业于湖南湘潭益智学堂，1912 年赴美留学，攻读历史学。1923 年获哥伦比亚大学研究院博士学位。回国后任南开大学、清华大学历史系教授。1932 年与胡适等出版《独立评论》。1935 年出任南京国民政府行政院政务处长。翌年，出任驻苏联大使。1944 年任行政院善后救济总署署长。1947 年任驻联合国常驻代表。贝祖诒赴欧洲期间，在英国伦敦泰晤士河畔邂逅蒋廷黻的女儿蒋士云，当时，贝祖诒四十岁，蒋士云二十一岁；两年后，他俩在巴黎结婚。据说，20 世纪 30 年代，张学良夫人赵四小姐、贝祖诒夫人蒋士云、实业家沈天梦夫人刘丽梅和宋子文夫人张乐怡被北京人称为"北京四美人"。新婚后的贝祖诒十分开心，回国后任中国银行总裁。蒋士云同意随贝祖诒回国，但是有两个条件，就是贝祖诒必须另外置一套房子，并与前妻生育的子女分开居住，前妻所生的子女只能在周末到新家与父亲团聚。这个条件对贝祖诒来说太苛刻了，但是为了这个新家，他必须做出让步和牺牲。对尚处于青少年时代的贝聿铭来说，在丧母之后还得与父亲分开居住，这给他留下了难以磨灭的伤害，也使他和蒋士云之间产生了无法消除的隔阂。

贝祖诒与蒋士云的新家在法租界福开森路 378 号。贝聿

贝祖诒、蒋士云夫妇

铭在他的回忆录里多次提到，因为与父亲分开居住，为了打发时间，他整天趴在明德里住宅的窗台上，数来来往往的车辆，也经常去大光明电影院看电影。当时与大光明电影院相邻的国际饭店正在建设中，贝聿铭会整天待在那里，看国际饭店一层一层地造起来，这对他以后走上建筑师道路产生了很大的影响。当然，贝聿铭也多次提到周末与父亲团聚时的兴奋，和离别时的依依不舍和沮丧。

贝聿铭没有提到他父亲在福开森路378号的住宅是租赁的还是买下来的，或者是父亲出资建造的。不过，根据迹象判断，福开森路378号住宅应该是租赁的。1937年抗日战争爆发后，贝祖诒离开了上海，以后再也没有人去关注他在福开森路的住宅。倒是1972年2月美国总统尼克松访华后，根据中美之间的约定，1974年4月，包括贝聿铭在内的一行15人组成的美国建筑师代表团访华。自1935年离开上海，四十年后重新踏上祖国的土地，除了走亲访友，他还去了趟让他一辈子魂牵梦绕的武康路378号。这时，上海人才知道，这里曾经是贝祖诒的家，也是贝聿铭挥之不去的记忆。可惜，没过多久，贝祖诒在武康路的住宅被拆除了，这里又被建为房地局的宾馆。

意大利总领事府邸

薛理勇

  武康路 390 号有一幢造型别致、建造精美的花园洋房，粉色的外墙，异国情调十足的敞廊，满铺红瓦的屋顶。人们希望知道，它曾经是谁家的豪宅，建筑属于哪一种风格⋯⋯

  1842 年，中国与英国签订《南京条约》，规定上海、宁波、福州、厦门、广州五口对外开放。上海开埠不久，外国人纷至沓来，英、美、法等国先后在上海设立领事馆。1866 年，意大利政府派水师副提督阿尔明雍来中国，向大清总理衙门提出与中国建立邦交关系的请求。这一年的 10 月 26 日，总理衙门大臣谭廷襄、三口通商大臣崇厚与阿尔明雍签订中、意《通商条约》和《通商章程：海关税则》，准许意大利在北京设立公使馆，宣布中、意正式建立外交关系。翌年，意大利在上海设立领事馆。早期，意大利只是派了一位领事驻上海，没有独立的、固定的领事馆建筑，一直到 1902 年 3 月 21 日，才在沪西静安寺路 555 号（今南京西路

意大利总领事府邸外立面

555 号）建造了自己的领事馆建筑。

据上海英商字林洋行 1937 年版《中国行名录》（*China Hong List*）上海街道行名录登记，福开森路 390 号的住户是尼隆（Comdr. L. Neyrone），同书登记的"大意大利国总领事衙门"的地址是"静安寺路 555 号"，总领事就是这位"Comdr. L. Neyrone"；《民国廿四年上海年鉴·外交》中记录得更详细一点，这位意大利总领事尼隆是 1932 年 5 月 2 日到任的。

众所周知，旧上海有公共租界和法租界。租界是列强在中国领土上建立的独立于中国行政体系和法律制度以外的势力范围，也就是说，租界的区域不属于中国行政区，租界的制度和法律不受中国政府制约。如果一旦遇到上海地方政府与租界当局发生冲突，必须有一个"中立的"、能够代表多方利益的机构出面协调、处置，这个机构叫做"领事团"，是由各国驻上海的领事组成的一个组织，有点像现在的"联合国"。"领事团"的主席称为"领事团领袖"，由各国驻上海领事投票选举产生，每年换届。由于英、美、法在上海都有租界，势力强大，"领事团领袖"的选举往往是英、美、法的领事落选，德国、意大利等中等发达国家的领事当选。尼隆初来乍到，就当选为各国驻上海的"领事团领袖"。

上海有许多领事馆，大部分领事馆有自己的领事住宅和工作人员宿舍，部分领事馆会在其他地方建造总领事府邸。意大利总领事馆的占地面积很大，领事住宅和工作人员宿舍均设在领事馆里。尼隆当选为"领事团领袖"后，工作、交际日益繁忙，于是决定在意大利总领事馆外，另外建造意大利总领事府邸，这就是福开森路390号住宅的来历。

意大利总领事府邸委托有意大利政府背景的比利时、法国合资公司——义品地产公司（Crédit Foncier D'Extrême-Orient）建造。于是，义品地产公司从法商万国储蓄会下属的中国建业地产公司手里购进了福开森路390号地块。这是一块位于福开森路与劳利育路（泰安路）相交而形成的锐三角形的土地，占地面积2630平方米。主建筑设计在这块土地偏福开森路的一侧，建筑占地面积约300平方米，二层砖木石混合结构，建筑面积612平方米，建筑平面大致上呈正方形，不少人以为这是一幢属于地中海风格的建筑。地中海是世界上最大的陆间海，位于南欧、北非与西南亚之间，东西长约4000公里，南北平均宽约800公里，南北的纬度差偏差6度，当然各地方的气温差异是较大的；而且，地中海跨越3个洲，两岸的国家很多，除了在建筑风格上的差异，各个国家在制度、风俗、习惯上的差异更大。所以，把"地中海风格"归入一种"建筑风格"，似乎是不科学的、不严谨的，也不合理。

武康路390号意大利总领事府邸的建筑主立面朝南，底层的东、南、西三面均设计为敞廊，主立面的中间设计为稍外凸的三开间半圆拱廊，中间的拱设计为窗，两侧为通道，有平坦的环状踏步引入正中的客厅。屋顶为欧洲建筑常见的

意大利总领事府邸主入口

四坡红瓦顶，在主立面的中轴线屋顶处，设计有白色的石结构阳台，阳台内侧是假二层的房间，房间的天花板则是流畅的弧顶。从建筑外观看，白墙与红瓦搭配合理，色彩对比强烈，有效地增强了建筑的立体效果。同样，这个三面使用柱子支撑的敞廊，倒有点像中国的四面来风的亭子。在上海众多的西洋建筑中，它是特别"另类"的一种，即使当时的和现在的西方建筑师，也无法理解和领悟，当初业主或建筑师的理念和"居心"何在。

1937年"八一三"淞沪战争后，上海沦陷，租界成了被沦陷区包围的"孤岛"。担任"领事团领袖"的尼隆就成了租界工部局与日伪政权之间的"调解员"：工部局希望通过尼隆，阻止日伪方面对租界的侵犯；而日伪则希望尼隆转告工部局，阻止租界内的反日活动。那时，福开森路390号的意大利总领事府邸门庭若市，尼隆也成了上海滩著名的外国人。

第二次世界大战期间，意大利于1940年与日本、德国组成轴心国，中国与意大利终止外交关系；不过，汪伪政府继续与意大利保持外交关系。1945年抗日战争胜利后，南京国民政府不承认意大利与汪伪政府的外交关系，意大利总领事馆实际上结束了它的使命。根据国际惯例，中国政府收回了意大利在沪的不动产。

周璇旧居

惜　珍

　　武康路 391 弄，一条普通的上海弄堂，两扇大铁门挡住了马路上的喧嚣市声。已是初春了，门前武康路上的梧桐树却还未绽叶，只有如画的枝条孤傲地伸向蓝天，有些寂寥，也有些不甘和无奈。梧桐就是这样，秋天一到，叶子便迫不及待地纷纷飘落；春天来临，最晚绽放新叶的也是它。梧桐树叶的生命短暂飘零，令我触景生情地想起曾经居住在弄内 1 号清纯美丽、才华横溢却命运不济的女主人周璇。1 号的窗口临武康路，浅黄色墙面，绿色木头窗框，窗户里遮着碎花的窗帘，正是下午 1 点，大概主人在午睡。这幢房子建于 1916 年，是砖木结构的假四层西班牙式小楼。上海抗战孤岛时期，红得发紫的歌影两栖明星周璇就住在这幢楼的三楼，当时这里的门牌号码是福开森路 391 弄 1 号。

　　武康路 391 弄和后门在武康路上的淮海中路 1754 弄（今 1768 弄）隔着一道矮墙，墙上有褐色竹篱笆，隔墙的凤

周璇旧居北立面

尾竹翠绿的枝叶穿透篱笆墙多情地探身过来，在春风中摇曳出一派旖旎风情。20 世纪 40 年代初，淮海中路 1754 弄内 17 号是著名诗人、翻译家、出版家邵洵美的寓所，他家的文艺沙龙是弄内一道靓丽的风景。每天下午三四点钟，上海的作家和翻译家就三三两两聚集在那里，施蛰存、徐讦、林徽因、孙大雨、徐迟、钱锺书、许国璋、章克标等是这里的常客，几乎占据了 20 世纪三四十年代上海文坛的半壁江山。周璇是 1943 年和她的养母一起搬进武康路 391 弄 1 号小楼楼上的，住进这里后，已经息影一年半的周璇重新复出影坛，她先后拍了《渔家女》《鸾凤和鸣》《红楼梦》《凤凰于飞》，场场爆满，红得发紫。她在武康路住了 3 年，然后

周璇旧居主入口

从这儿离开上海到香港拍戏，于新中国成立初回到上海，只是再也没有回到过武康路上的这座小楼。

这幢上海滩的寻常小楼见证着"金嗓子"周璇从息影到复出又大红大紫的整个历程。

这里住的已是寻常人家

初春时节，我轻轻走进这条安静的弄堂，老房子在春阳下静静地伫立着，默默呈现着老上海的风情。抬头望去，见 1 号大门上的遮阳棚呈拱形，红色砖墙和奶黄色水泥墙交织成妩媚的放射花瓣状，上面水泥拱的中间吊着一盏没有灯罩的孤零零的灯泡。遮阳棚下是棕色木门，两侧的信箱使门前显得有些凌乱。穿形木门上半部分镶嵌着圆形的玻璃，玻璃里有着正方形和米字形图案。进门一侧是上楼的楼梯，木楼梯栏杆是朴素的条形，涂着暗红色的漆，有点斑驳了。有些陡峭的阶梯木头已经发白，是上海老房子里常见的。楼梯中间有窗户，窗台很低，可看见隔壁弄堂的香樟树枝、正在抽芽的翠竹以及邻近人家的锈红色的坡屋顶。

拾级而上，来到三楼，昔日周璇的寓所如今已住进了寻常人家。这是一套两居室的房子，一间 21 平方米，一间 18 平方米。热情的老人告诉我，他们在这里已住了几十年了。现在他们老夫妻俩住一间，儿子住一间。他还告诉我这套房子的特点是四面不靠，单老人居住的一间就有七扇窗和八扇门。我细细一数，果然不差。屋内八扇门一扇通过道，一扇正门，一扇通阳台，两扇通厨房间，一扇通衣帽间，一扇通卫生间，还有一扇通后房间。七扇窗户分别是朝北一扇，朝东一扇，阳台间朝南一扇，朝西一扇，客厅朝西一扇，卫生间朝西一扇，呈斜角的厨房间西北也有一扇窗，所有的窗户都有很宽很低的木头窗台。老人还说，原来阳台的那扇门外侧是百叶门，内侧是玻璃门。房子的特点是层高高达 3 米，还有特别高的壁炉，墙角都有很宽的木头贴脚线，至今完好。如今，壁炉和窗台上都堆满了主人的物品，已很难想见昔日周璇居住时的模样了。推开阳台窗户，可以看到对面的房子和屋顶，想象周璇在这里唱歌练声的情景，那婉转美妙的歌声应该飘散在武康路上，不知道篱笆墙那边的文艺沙龙里的才子们会不会听到。阳台地板是细细的磨石子，房间的地板是细木条的，还留存着昔日面貌。

身世凄苦的天才歌星

有"金嗓子"之誉的周璇堪称中国最早的两栖明星，也是中国流行歌曲的先驱者，她的歌唱凝结着深厚的艺术功底和强烈的爱国情怀，是旧上海老唱片里最华美的音符，但就像她的名字里有个寓意为美玉的"璇"字一样，她的一生华丽而沉重。

在 20 世纪三四十年代，周璇是家喻户晓的歌星和影星，但身世却十分凄苦。周璇原名苏璞，1920 年出生于常州一个苏姓家庭。三岁时她被抽大烟的舅舅偷偷拐骗卖到了金坛县的王家，由此改名王小红。王家夫妇离异后，她又被送给了住在上海淮海路尚贤坊的一家周姓人家，更名周小红。1931 年，十一岁的周小红参加上海明月歌舞团，因主演歌舞《特别快车》而崭露头角。团长、音乐家黎锦晖提议她改名为周璇，从此她就以此艺名闯荡江湖。那时在明月歌舞团里还有白虹、严华、聂耳等著名音乐人。后来，台柱们都赶去拍电影，歌舞团维持不下去，就解散了。后周璇加入了严华等人组建的新华歌舞社。1934 年周璇在上海各电台联合举办的歌星比赛中名列歌星白虹之后，获得第二名，成为十大歌星之一，"金嗓子"周璇由此声誉鹊起。

1935 年，周璇开始从影。两年后，周璇与赵丹共同主演了反映社会底层小人物命运的影片《马路天使》，周璇在影片中饰演受尽侮辱和损害，但仍对前途抱有美好理想的歌女小红，并且演唱了影片中的两首插曲《天涯歌女》和《四季歌》。《马路天使》上映后广受好评，该片成了周璇的代表作，遂使歌星周璇同时成为影坛新星。之后上海百代唱片公司也特约周璇将《天涯歌女》和《四季歌》灌制成唱片出版发行。一年后，周璇和比她大六岁的严华结婚，婚后住在姚主教路茂龄新村（今天平路 120 弄）。严华既是歌手，又是作曲家，且能讲一口流利的普通话，普通话不过关的周璇遂拜严华为师。婚后，严华待周璇如父如兄，爱护有加，让周璇感觉到了家庭的温暖。1938年夏天，从东南亚巡回演唱归来的周璇参加了上海"爵士合唱团"，并且在上海各家电台间播音演唱，之后她又签约上海国华影业公司。1941年因为他人的挑拨，周璇和严华离婚。离异后的周璇一时找不到合适的住房，就暂时栖身在干爹国华影业公司老板柳中浩位于蒲石路留园（今长乐路672弄）28号的家中。

当时是抗战期间，因日军进入上海租界，日伪统治者强化关卡审查，南洋航运严重受阻，电影胶片的来源中断。日伪当局全面控制了上海的电影业，新华影业公司老板张善琨乘势崛起，于1942年4月将新华、艺华、国华、金星等12家公司合并成立了伪中华联合制片股份有限公司，简称"中联"；一年后又并进了伪上海影院公司，成立了伪中华电影联合股份有限公司，简称"华影"，张善琨任总经理。至此，上海影业的制片、发行、放映全部为日军所侵占。许多电影人士为了摆脱日伪当局的掌控，纷纷转到舞台上演话剧，或者离开上海，远赴香港、重庆、延安。柳中浩因不愿意和日本人合作当汉奸，关闭了国华影业公司，周璇也因此暂时停止了拍电影，对外宣称"歇影退休"。

寓居武康路后事业如入中天

在柳家住了将近一年半，社会上难免风言风语。同时，一年多的歇影，周璇的名字也渐渐被观众淡忘。周璇觉得自己如果再不返回影坛，事业就完了，所以，决定复出，搬离柳家，自己出去找房子住。当然前提是绝不拍汉奸电影，不唱汉奸歌。嗅觉灵敏的张善琨知道后，就马上去笼络周璇，先是替周璇找了武康路391弄1号的房子，让她顺利搬出柳家。对于周璇提出的"不拍汉奸电影、不唱汉奸歌，要自己选剧本，要按部头戏订合同"等条件都爽快地答应了下来。

1943年初夏，周璇带着她的养母周妈一起住进了武康路391弄1号三楼的一套房子里，与此同时，她加入了张善琨的"华影"。她复出后拍摄的第一部电影是《渔家女》。剧本写的是渔民反渔霸的斗争，其实有反抗日军侵略中国之意。该片导演是素有盛誉的卜万苍，男主角是顾也鲁。《渔家女》是一部具有爱国抗日教育意义的影片，在周璇的演艺生涯中，此片堪与《马路天使》媲美。这一年的9月2日，《渔家女》在上海公映，当即轰动了上海滩。新片盛况空前，大光明门口车水马龙，影迷们争先恐后地围住售票房，广告牌前也聚集着人群，以一睹周璇剧照为快。《渔家女》连续上演三周，场场爆满，影片的主题插曲《渔家女》迅速传遍了上海的大街小巷。《新影坛》编辑部在美华酒家举办的《渔家女》座谈会上，记者争相采访周璇，影迷们争先恐后地请她签名留念。

然而，周璇在艺术上的成功并没有给她带来多少宽慰。

每晚，她躺在武康路寓所的床上，烦恼的往事令她辗转反侧，难以入眠。养母周妈关心地劝慰她，她也懒得搭理。周璇接着要拍的新片是《鸾凤和鸣》，女主角由周璇和素有"银幕大姐"之称的龚秋霞主演。1943年11月中旬开拍，次年1月25日举行首映式，观众对影片的反映相当强烈，尤其是片中周璇主唱的插曲《讨厌的早晨》更是深受观众喜爱。歌曲以生动、诙谐、调侃的歌词和曲调勾勒出一副老上海市井风俗图："粪车是我们的报晓鸡/多少声音都跟着它起/前面叫卖菜/后门叫卖米/哭声震天是二房东的小弟弟/双脚乱跳是三层阁的小东西/只有卖报的呼声比较有书卷气/煤球烟熏得眼昏迷/这是厨房的开锣戏/破尿布飘扬像国旗/这是晒台上的开幕礼。"这首歌周璇唱得十分俏皮，听起来妙趣横生。由于这首歌的最后两句被日伪认为是有辱骂当局之意，日伪当局要下令禁演，最后张善琨托人说情，把歌词中的"破尿布"换成了"旧被面"才通过了审查。可日伪当局却借故提出条件，要在今后开拍的影片中插入宣传"大东亚共荣"的歌曲。歌曲选好后，张善琨让导演通知周璇准备灌唱，周璇十分恼火，她想起和张善琨讲好的协议，便带着火气来到张善琨住处说："你为什么不讲信用？"张善琨权衡利弊，顺着台阶就下了台："好吧！不唱就不唱，日本人那边我再来想办法对付。"周璇的民族气节可见一斑。

1944年，"华影"试图通过把中国古典名著搬上荧屏的手段来缓解影界和观众的不满情绪，于是由卜万苍编导的电影《红楼梦》在当年 6 月投入了拍摄，周璇在影片中扮演林黛玉。周璇看过曹雪芹写的《红楼梦》，喜欢林黛玉对爱情的执着，对宝玉的一片痴情，也同情林黛玉的不幸遭遇。接过这个角色后，她反复琢磨剧本，天天端坐在钢琴边，自弹自唱影片里的歌曲，深夜，武康路弄堂外的马路上经常会飘出周璇和着钢琴声的优美歌声。《红楼梦》开拍后，老板为了赶进度，日夜不停地拍戏，演员个个疲惫不堪。周璇本来就有神经衰弱的毛病，深夜回到家里，经常辗转难以入眠，有时，她干脆披上衣裳坐起来，拉开窗帘，望着窗外宁静寂寥的武康路，思绪万千。拍摄期间，周璇的身体一天不如一天，但她支撑着把精力和心血消耗在林黛玉这个艺术形象的创造上。三个月后，红楼梦摄制完成，和观众见面了。周璇扮演的林黛玉得到了观众的同情、喜爱和赞誉。在其后的几十年中，拍过的电影版《红楼梦》不下数十种，但周璇版的《红楼梦》经受住了时间的考验，成为其中的经典版本之一。

窗外月光抚慰不了孤单落寞的心

超量的工作使周璇不堪重负，她终于病倒了。她每天都会突然之间感到头痛欲裂，而且经常在熟睡中突然猛烈地心悸，惊恐地从床上坐起。最糟糕的是她只要一躺在床上就会满脑子胡思乱想，眼前飘忽地出现连贯的幻觉，就像放电影一样。为了避免被人打扰，周璇在武康路391弄1号的大门上贴了一张纸条，上面写着："遵医师嘱，恕不见客。"许多闻讯前来探望的记者和影迷不约而同地吃了闭门羹。他们在寓所门口徘徊，紧闭的大门前经常可以看到放置在门边的一束束美丽的鲜花。那是周璇的好友和素不相识的观众留下的。

门上的纸条挡住了来客，却挡不住楼下的邻居。邻居是当时上海一家高级绸布店的会计师，自从周璇搬到楼上后，她经常上楼来坐坐，和周璇聊聊天，有时也帮周妈买买菜。周璇生病后，周妈忙于照顾她的饮食起居，外出购物的事全靠她帮忙。那年中秋节，皎洁的月光温柔地抚摸着武康路上的楼群。周璇站在窗前，看月光如水银般泄入窗内。望着窗外寂寂无声的武康路，满腹惆怅地想："每逢佳节倍思亲，可自己的亲人又在哪里呢？"顿时，这圆圆的月亮在周璇的眼里变得十分恼人。她啪地关上窗户，拉严窗帘，不让半点月光漏进屋内。

中秋过后的一天，周璇吃完晚饭坐到钢琴边，打开琴盖，正想练一会儿琴，忽然听见门外有人咚咚咚地敲门，周妈开门一看，见是两个中年男子，一个满脸疙瘩，另一个是瘦子。便问："你们是谁？""我们是沪西76号当差的，今天特地来请周小姐到76号公馆去唱歌。"周璇心里一惊，上海滩谁不知道76号是杀人不眨眼的魔窟？她当即涨红了脸说："我正在家里养病，根本不能去！"周妈也在旁边帮着说："是呀！我女儿已经病了好几个月了，头晕得下不了楼。"那个瘦子假装无意地掏出手枪，随意摆弄着。周妈吓得魂飞魄散，忙说："先生，您先坐下喝杯茶，有话好好商量。"瘦子恶狠狠地说："快点，接人的车子在弄堂外面的武康路上等着呢！"这时，旁边那个一脸疙瘩的人拍了拍瘦子的肩膀，和他耳语了几句，然后扬扬脖子说："周小姐有病不好为难，但周小姐号称'金嗓子'，一般歌星不好代替，实在不行也只好另请他人将就了。"周妈忙说："那真是太谢谢你们了。"对方说："可怎么个请法呢？"周璇当下明白了他们是来要钱的。她站起身，问道："你们需要多少钱请人？"满脸疙瘩的人嘿嘿一笑，阴阳怪气地说："怎么也不能少于10万吧！"周璇二话没说，站起身打开柜子，把家里的钱全都拿了出来，对方一数说："周小姐，不到10万啊！""剩下的钱我明天从银行取出补上。""不行，今天必须给齐！"瘦子恶狠狠地说。周璇一言不发地当场脱下手上的一只大钻石戒指扔在桌上。瘦子一把抢在手里，两个恶棍心满意足地扬长而去。周璇立即让周妈关上房门，自己坐在桌旁欲哭无泪。

第二天上午，楼下的女会计师领着一个看上去风流倜傥的男青年来到周璇家里。周璇正半躺在床上打毛衣，见有人进来便马上坐了起来。女会计师说："璇子，这是我的好朋友朱怀德，他一直仰慕你，所以我今天带他上来看看你！你怎么脸色这么难看？"周妈便把昨天晚上发生的事情原原本本地说了她听。听周妈说完后，一旁的朱怀德自告奋勇地说："我来陪周小姐去张善琨家处理这件事。"当即出门到武康路上叫来一辆黄包车，直奔张善琨家。张老板一听便说："唱堂会要请的是平戏演员，不是歌星。恐怕此事是两个白相人假借76号名义上门敲诈，以后我帮你多加注意就是了。"此事总算不了了之。

受了惊吓的周璇从此更是闭门不出。一天，周璇的寓所里来了导演方沛霖。周璇见了他很开心。方沛霖告诉周璇自己正准备开拍《凤凰于飞》，全片安排了11支插曲，这个歌、舞、演并重的女主角自然非周璇莫属。周璇虽然身体尚未康复，但她还是想有机会能多拍几部片子，于是就爽快地答应了。《凤凰于飞》原著名为《倾国倾城》，是一部黑白歌舞片，周璇在片中饰演律师的妻子吴淑贞，并在影片中演唱了主题歌以及11支插曲，其中有8首插曲是陈蝶衣特地为周璇撰写的，其中最使周璇动情的是《慈母曲》和《合家欢》，因为这正是她生命中所缺少的。就这样，病中的周璇又进了摄影棚，日夜辛苦的拍摄加重了她神经衰弱的症状，《凤凰于飞》拍摄近一半时，周璇再次病倒。张善琨知道后急坏了，当天晚上他就来到武康路周璇家，进门就假惺惺地说："我是代表公司来慰问你的，璇子，你辛苦了！"说完取出一包吉林野山参双手递给周璇。天性善良的周璇感动了，便答应他休息两天后就进摄影棚。《凤凰于飞》如期于春节前公映，影片好评如潮，观众又一次为周璇多彩多姿的银幕形象和甜美的歌声所倾倒，谁也不会想到银幕下的周璇早已像林黛玉一样，"一身病骨已难支"了。

病中的周璇深居简出，一心在寓所养病，但一个人关在静悄悄的屋子里难免东想西想。那年春天，周璇的武康路寓所来了一位《上海影坛》杂志的记者，周璇对记者素来客客气气，有求必应，那天也是一样，但她这次与记者讲的却都是自己的病，几乎不谈自己的艺术。记者告诉她，由于抗日战争即将胜利的消息已传遍上海滩，张善琨已带着家属去了香港。周璇这才恍然大悟，怪不得没人再催自己签订新的拍片合同了。记者走后，周璇难得地睡了个好觉。醒来后，见黎锦光的夫人白虹以及另外两位女友站在床前笑盈盈地看着她，顿觉精神好了许多。女友们说天气已暖，怂恿周璇一起上街走走，顺便看场电影，白虹还把自己的丈夫黎锦光也一起叫了来。大家看完电影出来已近晚上8点，正想寻家饭店吃饭，不料路上遇到一群喝醉了酒的日军，女友们立即四下逃散，黎锦光拉着周璇，走向路边的弄堂。待日军走后，黎锦光叫了辆黄包车，把周璇送到武康路的家。周璇走进家门，双手扶住楼梯，两腿发软，连上楼的力气都没有了。当天晚上，她又失眠了，那种孤单落寞的感觉再次涌上心头。

离别住了三年的武康路前往香港

　　周璇居住在武康路期间，接连拍了《渔家女》《鸾凤和鸣》《红楼梦》《凤凰于飞》四部影片，百代唱片公司还为周璇灌注了这四部影片的全部插曲，上市后，销量位居全国第一。1945 年 3 月，"华影"在北京东路上的金城大戏院（今黄浦剧场）为周璇举办了连续三天的专场歌唱会。虽然票价高达 3000 元，但仍抢购一空。三天的歌唱会现场天天人山人海，台上摆满花篮，其中一个大花篮，上面用花扎成"金嗓子"三个大字，无数的歌迷为之痴迷沉醉，歌迷影迷的狂热把现场的气氛烘托得高潮迭起。演唱会结束，周璇欲罢不能，只能再唱了一首《采槟榔》。意犹未尽的歌迷潮水般涌向后台，他们高举着"热爱金嗓子""恋周璇"等牌子高声呼喊着"周璇、周璇"，其狂热丝毫不亚于当今歌迷们。

　　是年 8 月 15 日，日本投降。周璇本以为抗战胜利了，一切都会好转，没想到后来所面临的上海电影界甚至比日伪时期更加恐怖。周璇武康路的寓所，经常会有莫名其妙的人擅自闯入，他们手握各种各样的头衔，对周璇进行威胁、敲诈、勒索，周璇不堪其扰，却又无法躲避，本来衰弱多病的身体更是雪上加霜。这时，上海的许多演员或迫于当局压力，或为表达抗议，纷纷息影，不与当局合作，整个电影界变得死气沉沉。

1946年春天，香港大中华影业公司来函聘请周璇前往香港拍片，并多次来信敦促。周璇有些心动，便去找舒适、吕玉堃等，见面一说原来他们也都同时接到了邀请函。大家商量后决定一起去香港，并说好拍完电影再回上海。

几天后的一个清晨，东方刚露出鱼肚白，一辆简陋的木制送奶车，咕噜咕噜地辗在寂静的武康路上，悄然划破了街头的寂静。武康路391弄里的几幢房子静悄悄地还没醒来，只有靠近弄口的一幢房子的三楼窗口透出橙黄色的灯光。一会儿，窗前出现了一个俏丽的身影，那正是周璇，此刻，她正探出身子向外张望着。"滴滴！滴滴！"汽车喇叭声在391弄1号门口轻轻响了两下，似乎怕惊扰了这条弄堂里的邻居。站在窗前的周璇听到后，在窗口迅速地应了声"来了！"就蹑手蹑脚地走下楼。来接周璇的舒适和何兆璋帮着她把行李提到车上。周璇最后深情地看了一眼自己住了将近三年的房子，这里留存了她多少记忆。如今，她就将离它而去。也许，自己此生再也不会回到这里了。想到这里，顿觉一阵伤感。她急忙回头坐进车厢，小汽车载着她绝尘而去……

在香港，周璇拍摄了描写抗战时期一个女歌唱家痛苦遭遇的电影《长相思》，片中《花样年华》《夜上海》等插曲流传久远，至今都还是许多民国片必备的背景音乐。紧接着她又拍了电影《各有千秋》。三个月后，周璇回沪拍摄影片《忆江南》《夜店》等电影。拍完后，再度赴港，拍摄了《清宫秘史》等影片。

1949 年，周璇再度赴港，在那里和对她献尽殷勤但实际早有妻室的朱怀德同居，不久，怀有身孕的周璇从香港回到上海，住在华山路枕流公寓六楼一套公寓里。回到上海的周璇终于发觉朱怀德骗了她，便断然和他脱离了关系。不久，周璇生下了她的孩子周民。因频受刺激，在香港时，周璇便有精神病的发病征兆；到了上海后，她的精神病更加严重起来。当病情有所缓解时，应大光明影片公司之邀，周璇在上海拍摄了《和平鸽》一片，并结识了该片的美工唐棣。1952 年 5 月，他们准备举行婚礼的日子即将到来，而唐棣却被指控为犯有"诈骗罪和诱奸罪"，判刑三年。当年 11 月，周璇生下了她和唐棣的儿子周伟（原名唐启伟）。一年后，法院撤销原判，将唐棣释放，当他回到家里，才知道周璇已发病住进医院。1957 年 7 月 19 日，周璇即将完全康复离开虹桥精神病疗养院之时，突发急性脑炎，一个多月后便与世长辞，走完了她短短三十七年的人生旅途。

武康路 392 号甲

李天纲

　　武康路 392 号甲，是一幢四层砖木结构的西式别墅。根据文物普查资料，这幢别墅建于 1912 年。福开森路（今武康路）辟筑于清末的 1907 年，民国元年（1912）建造的房子，迄今已是 105 年，算得上是老马路上的老房子了，极具观赏价值。这幢洋房的体量不小，用大型廊柱支撑房屋骨架，对称券窗、阳台装饰立面，属于 20 世纪初至 30 年代在上海流行的欧洲大都市建筑风格，建造标准不低。20 世纪初年，上海已经具有了国际一流城市的气象，不但外滩的大型公共建筑采用了当时欧洲都市建筑的"仿文艺复兴式"，就连建造私家住宅的豪强巨富，也有仿照。

　　这座房子最初的主人是谁？从清朝、北洋、南京政府、汪伪政权和人民政府，加上法租界公董局，一百年间有五六个行政权力相继管理过这条马路，时过境迁，你来我往，其中的房屋财产关系更迭尤其复杂。资料缺乏，许多事实只能

武康路 392 号甲侧立面

得之于口传。根据徐汇区文化局文物普查时从老居民处得到的信息，投资武康路 392 号别墅的是一位军阀，但随即为中华民国总统袁世凯的大公子袁克定拥有。武康路上曾有黄兴、唐绍仪、陈果夫、陈立夫居住，中华民国大总统袁世凯家族也在这里置业，这个信息非常难得，需要加倍重视。

袁世凯是北方枭雄，靠小站练兵崛起，盘根错节的关系在天津。但是，袁世凯和袁家人，在上海的渊源也非常深，这是一般讲清末民初历史的时候常常忽视的。袁世凯在1881 年去山东投靠淮军吴长庆之前，曾在上海的租界混过，住在四马路（今福州路）的旅店里，就近去妓院，和一位当红书寓沈氏情深意笃。沈氏劝他上进，资助盘缠、礼品，袁世凯遂离开上海四马路的花丛，去了山东。事后，沈氏自赎身价，脱离欢场，与袁世凯成婚为妾（"大姨太"），袁世凯原配于氏则留在了老家。沈氏精明能干，通情达理，照应各方，成为袁府的内当家。于氏所生的袁克定按上海人的称呼，叫沈氏为"亲妈"；朝鲜夫人三姨太金氏所生的袁克文，则正式过继给了沈氏，受宠非常。沈氏自称是苏州人，其实是崇明人。称"苏州人"并不算错，人在上海，都推郡望，如同舟山人说是宁波，丹阳人说是常州，清末的崇明属于苏州府。19 世纪 80 年代，苏州话与上海本地话汇合，是上海租界的普通话，也是不同地籍人们乐于采用的交际语言。因此，完全有理由说袁世凯和他的儿女们是能够听、说上海话的，对上海的掌故、人事、市道和风土人情是不陌生的。

袁氏二位贵公子，和上海关系较深的不是踌躇满志的袁克定（1878—1955），而是闲云野鹤的袁克文（1889—1934）。袁世凯在世时，袁克文瞒着家里，来上海玩得很疯。他同父异母的妹妹袁静雪回忆说，她的"二哥"是"吃、喝、嫖、赌、抽，样样都来。会唱昆曲，好玩古钱，收集了许许多多的外国金币"。高拜石《古春风楼琐记》说："寒云每次南游，来时裘马丰都，归去则典当俱尽。"袁克文为躲着父亲，带了 10 万元支票来上海。他在十里洋场花钱如流水，却也有赚钱的时候。袁克文利用自己在青帮中的"大"字辈身份，在上海广招门徒。要知道"大、通、悟、觉"，黄金荣不过"通"字辈，杜月笙不过"悟"字辈，开香堂收徒，一定收得到拜师钱。另外，袁克文的文、字、画才俱佳，在上海高悬"笔单"，给张宗昌写一幅中堂，就收得 1000 元。按理说，袁克文和上海的密切关系，还有他不缺钱的荒诞生活，都是有可能在上海置一份家产的。但是，查考下来，这样的可能性几乎没有。他在上海，有钱无钱，必住大东旅店。还是他妹妹袁静雪说的，袁克文晚岁潦倒，在天津去世的时候，"只在笔筒里找出了 20 元，他的后事都是由徒弟们拿出钱来办的"。窘迫如此，是不可能来上海福开森路上置办房产的。投资生财的事情，对袁克文来讲也是太费心了，不耐烦。

　　武康路 392 号甲属于袁克定，是有可能的。袁世凯本人历官多年，早有积敛，在河南、河北屯有大量田产、工厂、矿山、商店和银号，当总统后更是捞了一把浮财，有钱是肯定的。袁世凯在世时，袁家酒池肉林、钟鸣鼎食都不成问题。袁世凯病危时，曾给每个儿子各分了15万元（1925年《清室优待条件》修正后，清室全年收入为50万元，可作比较），余下的都留作家族公款，由袁克定掌管，袁府内只有袁克定有钱。袁世凯有一妻九妾，遗下17子、15女，嫁娶都还算是达官贵人的大户人家，无奈人数众多，不少子女的生计开始窘迫，有的相当不妙。袁氏的家庭医生上海人徐亚伦说：四子克端抽鸦片败家，连儿子家礼、家宾的学费也付不起，只能到袁克定保管的公款去支用。讨来的学费50元，交了又要孩子去要回来。家礼大了，懂得要面子，觉得生在袁家是个错误，居然吞了父母的鸦片泡，没有救过来就死了。袁世凯在世，袁克定为太子；袁世凯死后，袁克定握有大笔遗产，按他在袁氏家族的地位，以及他乐于操控政治、把握经济的性格，在上海经营一点房地产是可能的。

袁氏家族的房产多在天津，英租界小白楼（今建设路）一带有楼房数百间。天津以外，袁家账房在上海、香港、伦敦（因四子克端、五子克权曾在那里留学）也有不少经营。据说，袁世凯在香港有一处房产，大管家袁乃宽赖掉了，袁克定也没有办法。上海武康路392号甲的房产，既建于1912年，就不太可能从一开始是袁世凯或袁乃宽投资的。或者就是袁克定在1916年之后掌管了袁氏家族的钱财，来上海买下的。按房地产资料，以及武康路老居民的口述，这幢别墅

武康路 392 号甲建筑外立面

曾一度租给某银行高级职员居住。1949 年以后,成为上海市公安局的机关宿舍。目前整幢楼房已经分隔开来,由多户居民合用。虽然已在 2015 年 8 月 17 日由上海市政府公布为市级优秀历史建筑,但房屋老化失修的情况比较严重,前景堪忧。

黄兴旧居

薛理勇

　　黄兴，字廑午，又字克强，号杞园，是辛亥革命的主要组织者和杰出的领导人。在为革命奔走期间，多次来上海，但是没有固定的寓所。"二次革命"中，在南京任江苏讨袁总司令，事败后流亡日本，不久赴美国。袁世凯"驾崩"后，黄兴回到中国，于1916年7月6日返回上海；仅几个月后，10月31日，在上海寓所病逝。

　　20世纪80年代后期，湖南黄兴故居的同仁拿着黄兴的讣闻，以及他们收集到的黄兴逝世后的相关报刊资料来到上海市历史博物馆，希望协助寻找黄兴在上海最后的寓所。

　　黄兴讣闻的原文是：

　　　　黄公讳兴，字克强，痛于民国五年十月三十一日午前四时疾终沪寓，享年四十有三。经于十一月二日午前五时入殓。谨定十二月二十一、二日在福开森路本宅开

武康路 393 号建筑外立面

吊，二十三日举殡长沙。哀此讣闻。子：一欧、一中、一美、一球；女：振华、文华、德华；主丧友人：孙文、唐绍仪、李烈钧、柏文蔚、谭人凤。（毛注青编著：《黄兴年谱长编》，中华书局，1991年，第503页）

讣闻中只提到黄兴寓所在"福开森路"，没有门牌号。黄兴逝世后次日，《申报》发表题为《黄克强先生作古》的文章，说：

> 民国伟人黄克强先生寓沪上福开森路三百九十三号，现年四十四岁。先生频年奔走国事，积劳成疾，近更咯血不止，医药罔效，于十月三十一日午前四时逝世。（1916年11月1日《申报·本埠新闻》）

当时的许多报纸对黄兴逝世作了报道，许多文章提到黄兴的住宅或灵堂在"福开森路三百九十三号"。福开森路就是现在的武康路，由当时担任南洋公学（今上海交通大学的前身）校监的美国人福开森（John Calvin Ferguson，1886—1945）主持修筑，目的在于拉近南洋公学与市区的距离，方便学校的交通，当地人称之为"福开森路"。1914年，法租界扩张成功，福开森路一带被划进了法租界，法租界公董局没有重新取名，仍然称之为"福开森路"，使用法文路名"Route Ferguson"。问题在于，上海的许多马路的门牌号在

20 世纪 30 年代前是很不稳定的，1916 年黄兴逝世那年的
"福开森路三百九十三号"是不是现在的"武康路 393 号"？

已故上海掌故家郑逸梅先生在《清娱漫笔》中说："黄
兴的寓所，在福开森路三百九十三号，是'世界社'的原
址。"（《最小的讣闻》，郑逸梅《清娱漫笔》，上海书店出版
社，1982 年，第 89 页）世界社由张静江、吴稚晖、李石曾
等于 1906 年创办于法国巴黎，并在上海平望街 204 号设立
分社，主要代表中国参与世界的教育文化会议，与世界各国
合作办理中国学子赴西方国家"勤工俭学"，先后在法国里
昂创办"中法学院"，在北京创办"中法大学"，在上海创
办上海药学专科学校、世界学校等。当时的许多留学生就是
在世界社的帮助下出国勤工俭学的，不少人由此走上了革命
的道路。约 1929 年前后，世界社上海分社迁到法租界福开
森路 393 号。《民国二十四年上海年鉴·学艺》载《世界图
书馆展览会开幕》一文，说：

> 中国国家图书馆主办之世界图书馆展览会，于二十
> 三年（一九三四年）双十节在福开森路三九三号开幕。
> 由该馆创办人吴敬恒（即吴稚晖）亲临揭幕。

又说："展览场所假福开森路三九三号世界社大礼堂，
四壁及中间均陈列出品，如照片、图样、表册、出版品等
类，共计一千二百余件。"《年鉴·名人录》中还说："李煜

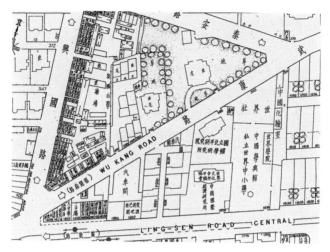

1947年上海地图上的世界社和世界中学

瀛，字石曾，河北高阳人。五十五岁，中央监察委员、中国建设银行公司董事、中国农工银行董事长。住福开森路三九三号。"由此可以断定，1916年黄兴位于福开森路393号的寓所与1934年世界社所在地福开森路393号是同一个地方，也就是现在的武康路393号。

毛注青编著的《黄兴年谱长编》（中华书局，1980年）第478页注文说："黄兴返沪后，初寓圣母院路（石门一路）100号，继迁福开森路393号。"又说："1917年1月18日，幼子一寰生于上海福开森路三九三号。"可见，1916年7月6日黄兴到上海后并没有直接入住福开森路393号，而是过了几天后，才由政府安排入住；黄兴逝世后，黄兴家族也没有立即离开福开森路 393 号。那么，福开森路 393 号原来是什么样的房子呢！

综合各方面的资料，在 20 世纪初，清政府的上海道署"洋务局"在公共租界静安寺路（今南京西路青海路顶头，20 世纪六七十年代曾为"南京西路旧货店"）设立机构，同时，在相近的戈登路（江宁路）建造"道台花园"，就是上海道台会见外国领事或商人的府邸。上海光复后，上海军政府急于筹款，开始变卖清政府产业，这个"道台花园"被卖给了英商麦边洋行的老板麦边（George McBain），变成了"麦边花园"。后来，麦边又把"麦边花园"卖给了一家酒店公司，公司在这里开办"Majestic Hall"，就是著名的"大华饭店"。1927 年 12 月 1 日，蒋介石、宋美龄的世俗婚礼就是在这里举行的。"道台花园"旧址的位置相当于现在的美琪大戏院及附近一带。

接待外国领事的"道台衙门"没有了，但是，上海还得有一个外交机构，于是在民国以后，就选择比较偏远的、地价相对低廉的福开森路再建造外交场所，那就是福开森路 393 号。黄兴到上海后，成了这里的第一位住户。因为这是公产，黄兴家族迁出后，世界社就搬迁入驻。

《民国二十四年上海年鉴》还说，以冯陈祖贻为馆长的中国国际图书馆举办的"世界图书馆展览会"，有英、美、法、德、瑞士等 15 个国家的 40 余家公共图书馆和大学图书馆，以及中国故宫、同济大学等 20 余家图书馆参加了展出。

展览会结束后，不少图书馆把参展的部分图书和展品无偿捐赠给了世界社。以后，世界社为了扩大收藏和开展图书馆学研究，设立了以研究世界图书馆为主的"世界学院"，和以研究中国典籍为主的"中国学典馆"。1936年，世界社又开设这两个机构的预科——世界中学。

据中国历年与外国签订的条约和协定，上海道台是负责处理外交事务的机构，清帝逊位后，上海道署的洋务局遣散了，于是，北京政府在上海设立"外交部驻沪交涉通商使"，接替清朝的上海道署和洋务局。这个机构的名称不断地变换，1916年开始使用"外交部特派江苏驻沪交涉员公署"，福开森路393号应该是这个机构的驻地；可是，这里被黄兴居住了，后来他们只能另选他址，重建办公机构用房，一直到1923年1月31日，才正式迁到丰林桥（今枫林桥）新建的公署内。

黄兴寓所占地面积十余亩，北面紧挨着福开森路，南面到霞飞路（当时叫做"宝昌路"，就是现在的淮海中路），从福开森路393号门进出。主建筑在北侧，坐北朝南，面临大块的草坪和绿化，二层砖木石混合结构，英国乡村别墅式风格。黄兴逝世后，当黄兴的家族搬离后，福开森路393号的房子仍然由政府收回，不久调拨给李石曾和世界社使用。后来，世界社在这里建立"世界学院"、"中国学典馆"和"世界中学"。在字林洋行1937年版《中国行名录》的登记中，福开森路393号的住户是 Kiangnan Railway Co. 和 International Library of China，就是"江南火车公司"（这是意译，它是否就是中国名称，尚有待考证）和"中国学典馆"。上海的铁路机构"京沪沪杭甬铁路管理局"（简称"两路管理局"）的英文名称是 Ministry of Railway 或 N. -S. and S. -H. -N. Railway Administration，估计，那个 Kiangnan Railway Co. 是中央政府派驻在上海的铁路管理机构。于是，上海地方政府划出福开森路 393 号沿街的地块，他们在这里建造了办公楼，建筑为四层钢筋混凝土结构，近现代主义风格。

1948 年上海市教育局编印的《上海市中等教育概况》中说，1937 年"八一三"淞沪战争爆发后，世界中学校长陶玄赴重庆，世界中学一度处于停顿状态。1938 年，为了预防敌伪染指学校，世界中学一度改为"私立世界中小学"。抗日战争胜利后，校长陶玄，董事长吴稚晖，董事李煜瀛、钱新之、张静江、杜月笙、王晓籁、江一平（虞洽卿的女婿，著名大律师）等相继回沪，学校呈复兴之势。《上海市中等教育概况》在叙述学校场地和建筑时说："本校基地约八亩，建筑物占六分之一，运动场占六分之四，校园面积占六分之一。"显然，原来的黄兴寓所的绿地大部分已经建设为校舍和运动场。新中国成立后，原来的世界社由华东文教委员会接管，建筑改为他用；世界中学由上海市教育局接管，仍为学校，不过，校名多次更换，1981 年改名为"沪光中学"，改从淮海中路 1788 号进出。

曾经的科学之家

钱宗灏

　　武康路 395 号是一幢巴洛克风格的大型花园住宅，建于
1926 年。建筑为四层砖木结构，欧陆式的红瓦坡屋顶有明
显的折脊，就是那种顶部较平缓，折脊以下遽然陡峭的屋
顶，檐下饰有精细的古典檐齿。沿武康路立面及两侧的屋檐
口处设有巴洛克式的屋顶窗，椭圆形的窗洞下托着卷草纹
饰，顶部还有石材凿出的弧面形贝壳造型，东西两侧屋面另
还设有六个棚式老虎窗。建筑前后立面的各个楼面都有弧形
的外阳台，围以宝瓶式栏杆，阳台下的支托亦作曲面造型。
外墙以明显的两道腰线分作古典三段式的构图，底层可视为
基座，以粗凿石块饰面，面向花园一侧建有巴洛克式的双向
室外楼梯；二层以上原来是做的水泥斩假石墙面，经修缮后
已被抹平；朝向武康路一侧还有塔司干式的柱廊楼梯通往二
层，柱间栏杆作缠绕的绶带式样和椭圆形的透空。总之，在
古典的框架上极尽装饰之能事便是巴洛克建筑的最重要特征。

武康路 395 号俯视图（贺平 摄）

武康路 395 号建筑北立面

关于这幢房子的人文历史，有文章说这幢房子最初的主人是谁已经无法考证清楚了，只知道曾经是叶恭绰的府邸。

叶恭绰（1881—1968），字裕甫，广东番禺人，生于北京。早年毕业于京师大学堂仕学馆，后留学日本，加入孙中山领导的同盟会。民国初，曾任北洋政府交通总长；是著名的书画家、收藏家和政治活动家。

那么，后来这座大宅子又怎么会成了国立北平研究院药物研究所和镭学研究所所址了呢？

先是在 1927 年，中国国民党中央政治会议议决设立国立中央研究院时，筹备委员李石曾提议同时设立一个局部或地方性的研究机构。同年 8 月 6 日，行政院做出决定，先以北平大学研究机构为基础组建国立北平研究院；9月9日宣告成立，李石曾出任院长。该院隶属教育部，下设总办事处和研究学部。学部分理化、生物、人地三部，下置物理、化学、镭学、药物、生理、动物、植物、地质、历史研究所及测绘事务所。各研究所设所长一人，由专任研究员兼任，另有研究员、副研究员、助理研究员、助理员、练习生各若干名，并聘请社会上的专家为名誉研究员、通讯研究员及特约研究员。

1932年1月，国立北平研究院镭学研究所成立，所址在东皇城根42号北平研究院理化楼内，严济慈出任所长。镭学研究所是国内首个放射学研究机构。药物研究所成立于1932年9月，所址亦设在东皇城根理化楼内，所长为赵承嘏。

1933年，严济慈为镭学研究所搬迁的事来到上海考察。因为"九一八"事变以后，院长李石曾感到时局不稳，开始考虑将北平研究院南迁。他的助手、北大教授顾孟余已先到了上海与世界社接洽，在法租界办起中医医院，准备把镭学研究所和药物研究所迁到上海，放在世界社里。李石曾当时估计，日本人只能占领华北，上海的法租界可以保存中国的科学力量。这一年，药物研究所率先迁沪，暂寄于亚尔培路（今陕西南路）410号中法大学药学专修科内。

当时福开森路395号为叶恭绰所有，叶与李石曾素有交情，闻此消息，慨然以屋赠与，作为药物研究所与镭学研究所的新家。药物所于是在 1936 年春迁入福开森路 395 号。同年，镭学所也决定南迁，更名中法大学镭学研究所。杨承宗受严济慈之托到沪建立实验室。据了解当时情况的人回忆：药物所使用这幢楼的一至三层，镭学所在四层。

1937 年，七七事变后，日军占领华北，国立北平研究院内迁昆明；8 月，淞沪抗战爆发，因镭学、药物研究所栖身租界，暂时无虞，故未西撤。

1938—1941 年，镭学研究所因得到中法教育基金委员会赞助的 4000 美元、45500 法郎、国币 56000 元，得以继续开展科学研究。

1941 年 12 月，太平洋战争爆发后租界沦陷。一天，忽有大批日军至药物研究所，将设备仪器强行装车后扬长而去。所长赵承嘏急忙赶往法国领事馆，提出药物所的经费是法国退还的庚款，日本人无权这么做。法领事随即通知码头暂缓日船启航，并请法公董局教育处长亲自去码头交涉，仪器设备才得以从船上搬回。事后日本人还不死心，宪兵队几次传讯所长，赵承嘏并不回避，始终冷静应付，保全了药物所。

到了 1944 年 7 月，汪伪政府也来抢夺镭学研究所。一天，突然有三五个人闯入武康路 395 号大喊大叫，为首的是一个三十来岁的汉子，原系北平某医院小儿科医生，他厉声说道："今奉褚（民谊）部长之命，来接收镭学研究所!"负责人陆学善上前一步问道："我们这个研究所是李（石曾)先生所立,褚部长怎么忘了呢?"对方强词夺理地说:"今维新政府已经成立,官员都要依法办事,各遵其职,褚部长怎能徇私枉法呢?"陆学善愤而言道:"以前李先生与你们褚部长休戚与共,倘若李先生知道今天的事情,怎不寒心呢?还是请你们收回成命,不要生此恶念,恐怕以后追悔莫及!"对方闻言大怒,开口训斥道:"若不是褚部长有言在先,立马就可以把你抓了进去!今有命令在,谁敢违抗?"陆还想再言,被其他人使眼色阻止,只好不吭声了。对方于是换了副面孔,说你们仍可照常工作等,表示挽留之意。然而陆学善等人十分厌恶,终于辞职而去。

1945年8月,美国在日本广岛、长崎投下两颗原子弹,举世震惊。国立北平研究院虽然栖身昆明,仍请国民政府改镭学研究所为原子学研究所,期望日后将之作为研究原子核物理的专门机构。1946年,国民政府文官处草就《研究铀元素与原子弹之报告》,详述铀元素与原子弹的历史、中国铀矿分布情况、中国原子科学研究状况及奖励、资助研究的办法,请求成立国家级的"原子学专门委员会"。同年夏,钱三强、何泽慧归国,镭学研究所新购仪器设备亦陆续运抵北平,国立北平研究院乃于9月正式成立原子学研究所,聘钱为所长,所址设北平;镭学研究所的结晶学和X光学两个科室仍设在武康路395号,陆学善为室主任。但随后内战全面爆发,京沪两地皆难以为继。

1949年临近解放,国民党上下皆人心惶惶,药物研究所的赵承嘏犹自一心钻研业务，不问世事。曾受邀迁台，坚辞不受。

陆学善亦接到命令要将所里物资全部迁台，但陆不想那么办，于是跟所里同仁商讨对策，千方百计拖延时间，直到上海解放。当时，吴有训也携全家居住在武康路395号。吴有训之女吴希如回忆说："解放前不久，为了拒绝去台湾，爸爸带着全家'隐居'上海福开森路'北平研究院镭学研究所'的楼上，和陆学善先生家住在一起。当时妈妈正因胆石症所致严重黄疸住在医院里，家里十分困难。上海解放的当夜，我们曾听到一阵枪声，次日清晨出门看到许多解放军就睡在大街的人行道上，爸爸当时真是无比感叹，对我们说：'这就是子弟兵啊！'"（吴希如：《往事的回忆——怀念亲爱的爸爸吴有训》，《中关村回忆》，上海交通大学出版社，2011年，第233页）

5月25日，上海解放前两天，吴有训不经意间听到国民党中央广播电台女播音员播放的寻人启事，云："吴有训先生，你在哪里？听到广播后请你马上启程赴厦门，那里有人接你……"（蔡恒胜：《中国近代物理学的先驱者（2）——吴有训先生》，《中关村回忆》，第392页）连播数遍，语气恳切。嗣后日日播报，共146天，直到10月17日厦门解放才止。

1950年3月21日，中国科学院在沪成立办事处，以管理原国立中央研究院、北平研究院所属在沪机构。同日接收药物研究所。当时竺可桢已经预先获得通知，他在（1949年11月13日）日记中记录了此事："晨七点半起。上午樊翰章来，知渠在储蓄银行电台为电讯局所接收，现入训练班受训练，将来是否得派一事未可知，故求谋事。余以气象总局将成立，嘱径函长望，余亦可为一言。但渠以年事长不愿服务于听筒工作为言。九点廿分至福开森（路）即武康路北平研究院结晶研究所与药物研究所，遇朱洗（专研Embryology 胚胎学）、陆学善及赵石民三君。石民系东大旧同事，十五六年不相见，虽身体愈衰弱，但头上不见白发。渠只有一助理，而全院在沪只有十六人，连工友在内。陆学善研究结晶，以 X 光设备颇不恶。朱洗在研究蚕身之细粒子（微粒子）病，系一种 virus。余告彼等，科学院接收人员旬日可到，但接收后未必即将各所归并，必须详加考虑，方始着手。渠等始稍安心。石民提及庄长恭，谓其有机化学之成就为国人第一，希望其能回药物所主持。"（竺可桢：《竺可桢全集》第 11 卷，上海科技教育出版社，2006 年，第567 页）

5 月，中国科学院近代物理研究所于北京成立，吴有训兼所长（12 月任中科院副院长）。同年 8 月，原国立中央研究院物理研究所、北平研究院物理研究所及结晶学研究室合并为中国科学院应用物理研究所，严济慈任所长，陆学善任副所长、研究员。同月，中国科学院有机化学研究所成立，药物研究所因为科研人员少，改为研究室，赵承嘏仍担任主

武康路 395 号建筑局部

任，暂时附属在有机所下面，室址则分别有武康路 395 号、393 号及岳阳路 320 号三处。1953 年 1 月 23 日，中科院任命赵承嘏为药物研究所所长。1958 年，中国人民解放军军事医学科学院自上海岳阳路 319 号迁往北京，药物研究所于是全部迁入其址（另一说是太原路 294 号）。2003 年 5 月再次迁址上海浦东张江高科技园区。该所至今仍是我国历史最悠久，也是中国科学院唯一的综合性药物研究机构。

据赵承嘏儿子赵体平回忆："解放以后，也有几次谈到药物所要搬出武康路，但是，我父亲始终不搬。因为，这个实验室，这个所，是他决心终身工作的场所……我记不起他身前讲过什么豪言壮语，也记不起他有什么特别事情。就像一个苦行僧，在晨钟暮鼓的伴随下度过其一生……他考虑一切事情，都从一点出发，就是如何能不受干扰，坚持他的研究……他人生的唯一目的，就是埋头于发现新的药物品种，他将一生在实验室里、在药物所度过了。"（赵体平：《怀念先父赵承嘏》，《江阴文史资料》第 11 辑，1990 年，第 108 页）

1953 年，武康路 395 号被华东文教委员会接管，"文革"期间的 1969 年，被上海市革命委员会调拨分配给燎原服装厂作生产用房。1977 年归属上海电影演员剧团使用，至 2003 年迁出。2008 年及 2013 年，武康路 395 号先后经历过两次修缮。目前为上海文广集团旗下的精文投资公司办公使用。

武康大楼：一艘满载故事的巨轮

惜　珍

　　在武康路上漫步，你会不时邂逅一座座掩映在绿树丛中的华美建筑。春天，武康路上的梧桐开始绽放嫩芽，带点羞涩的浅绿一点点从枝叶间探出，倒是常绿的香樟树满街恣意飘散着芳香，为这条安静的路增添了几分山野气息。走到淮海中路、余庆路、天平路、兴国路和武康路相交的五岔路口，你会被眼前巍然屹立着的一座犹如等待启航的巨轮般的建筑震住，那就是武康大楼。大楼外墙上褪色的红砖和门前石柱上的水痕遗留下岁月的沧桑，但却丝毫遮掩不住它逼人的气势。据说是因为武康路和淮海中路的夹角小于30度，才使得这幢楼有了这样独特的造型，十分张扬地矗立在闹市中心，神秘而美丽。上海的马路普遍都是两条相交呈90度的形态，而武康路缘何与淮海路有着如此奇特的夹角呢？这还得追溯到距今一百多年前的20世纪初叶。

　　清末洋务派大臣盛宣怀受李鸿章之托督办南洋公学，却

武康大楼外立面（贺平　摄）

始终苦于找不到熟悉现代大学管理的人才。一次偶然的机会，他邂逅了创办汇文书院并在上海逗留的美国人福开森，就聘请他当了"监院"。福开森上任后，为方便师生出行，用自己的薪水在霞飞路（今淮海中路）与兴国路中间另外修建了一条小马路，那是 1907 年。最初，这条小路并没有名称，后来因为邻近的法租界欲扩大范围，与上海宁波同乡会"四明公所"发生冲突，又与英、美、俄等国产生了矛盾，福开森从中调停，最终达成了一个令各方满意的解决方案。为答谢福开森，当地民众便把这条小路冠名为福开森路，即今天的武康路。不过到了 1914 年，这条福开森路还是被划到了法租界内。

20 世纪 20 年代，随着租界的进一步扩大和人口的快速涌入，以及欧美新的居民用房建筑形式的出现，上海也开始逐步出现公寓式大楼住宅。其间，万国储蓄会出资组建了中国建业地产公司，负责开发和经营上海的房地产业。由于福开森路地处法租界，又与霞飞路相交，当时附近有许多高级商场和商务场所，商人们自然不会错过这样的机会，于是法商万国储蓄会针对附近缺少适合高级商务人士住宅的情况，便计划在这儿投资建造一幢住宅。万国储蓄会以彩票开奖吸收会员，筹得资金购置大量房产，武康大楼所在地皮即在其中。万国储蓄会还请来了美国建筑师事务所克利洋行（R. A. Curry）的匈牙利籍建筑设计师邬达克操刀设计，于 1924 年建成了这幢大楼。行走在古典和现代建筑式样之间游刃有余的邬达克，延续了他一贯的折衷主义风格。这样一块不规则的三角形地块，不仅让邬达克把土地利用率发挥得淋漓尽致，还硬是通过独特的轮船式三角建筑演绎出了浓浓的法兰西文艺复兴风情。建成后的住宅既是典型的法国文艺复兴建筑式样的大楼，也是上海最早的外廊式公寓建筑，这使它不失为当时最为时髦的一幢现代建筑。这是邬达克在克利洋行工作时期的代表作品，也是邬达克在上海的第五个作品。那年这位天才的建筑师才二十七岁。

这幢公寓建成后占地 1580 平方米，建筑面积 9755 平方米。公寓楼身狭长，地上 8 层，地下室 86 平方米。楼内共有正式房间 76 个，附屋 30 多间。公寓最初的名字是"L.SS 公寓"即"东美特公寓"。在第一次世界大战中，法国一艘著名战舰"诺曼底号"战功卓著，后来被德国潜艇击沉。第一次世界大战结束，法国是战胜国，这幢建筑就被重新命名为诺曼底公寓，以纪念在第一次世界大战中被击沉的诺曼底号战舰。1953 年，诺曼底公寓被上海市人民政府接管并更名为武康大楼。

上海最早的外廊式公寓大楼

武康大楼是上海最早的外廊式公寓大楼，南面沿街底层是老欧洲的骑楼样式，连绵不绝的拱形门洞构成了一个半开放式的走廊，拱形门洞中看得见不同店面的陈列，那是邬达

20 世纪 20 年代的诺曼底公寓（武康大楼）

克的一个独特思路，就是使用退缩手法，让门洞中的那条长廊兼作人行道，以弥补门前人行道的狭小。

建筑立面虽然简洁，但大楼西端的半圆形造型却设计得十分得体，使得整幢建筑显得亭亭玉立。建筑第一、二层处理成基座，立面是水泥仿石墙，顺理成章地成为建筑三段区划中的一个基座，这样就使得这座公寓的下半截染上了一种中世纪城堡般的神秘。三至七层为黄褐色砖块贴面。大楼第二层为矩形落地长窗，三楼则为拱券窗，饰卷涡形锁石，窗裙板上雕刻有盾牌花束及飘带纹饰等，在大楼的第三层设置环通的阳台式长走廊，犹如一条纤细的腰带镶嵌在建筑立面，四至五层立面有部分宽大的外挑阳台。仔细观察，你还会看到那些刻有螺旋花纹的"牛腿"、拥有三角形古典山花的窗楣以及外墙的镶拼色彩，在阳光下显出一种低调的精致，勾勒出浓厚的法兰西风情。公寓第八层处理成檐部，仍为水泥仿石外墙，两面皆开有双联的细长拱柱窗。八楼的视觉焦点是那个长长的阳台，它很奇妙地沿着整个建筑外墙转了一圈，中间全部贯通，起到了顶部腰线的作用，强调了建筑立面的层次感。这些如腰线般连缀着大楼的阳台给人以船上甲板的感觉，暗合着整幢建筑的巨轮造型。

在大楼的朝北处，向内留出两个巨大的天井，这可能是设计者为解决内部居室的采光通风而特意建造的。武康大楼的整栋楼房有梁而没有承重墙，所以每户人家的房型都不同，每套都独一无二。公寓二楼的汽车间顶部原先是一个芳

武康大楼外立面局部

草如茵的花园，花园北侧还设置了一个造型别致的喷水池。20世纪60年代末，二楼花园里的土壤被全部去掉，浇上水泥地坪，在上面搭建起一间小房子，作为车库的采光透气之用，并作为大楼内住户的晾晒衣被之地。

武康大楼的大门十分低调，看起来丝毫也不起眼，但步入楼下大厅，宽敞的空间却令人豁然开朗，悄然无声间体现了对居住者的尊重。浅黄色柱子上细细的直线条让人想起遥远的古希腊年代，黄色马赛克地坪上的八角形图案、黄澄澄的墙壁等都在无言地述说着这座大楼曾经的奢华。面朝大门的两台主电梯已换过几次，据说最早的电梯是拉门的，唯有电梯门顶上安置着的类似半面钟的指针盘用以显示到达楼层的形式依旧，指针随着电梯的上升下降而波动，指针会一格格耐心地指过去。武康大楼的电梯是有专人操控的，开起来缓慢而沉稳。以前，大楼后面还有一座专供保姆出入的电梯，现已不存。公寓曲尺形的结构使大楼有了更多的采光，每层楼道都足够宽敞。在公寓楼顶，有一个很大的天台，当年可以眺望到南京西路的国际饭店和老上海电视塔。天台上至今留有当年邬达克设计的取暖烟道，多少年前，居住在这个公寓中的西方大班和东方闻人，当他们生起壁炉时，那袅袅的烟气便从这一个个烟道里飘向上海的天空。

1930年，法商万国储蓄会又在原诺曼底公寓的东侧加盖了一栋砖混结构的五层新楼，新楼占地1233.37平方米，建筑面积1700平方米，老楼二楼和四楼的走廊有台阶能通往新楼，不久前已改为坡道。为配合业主的需要，又另建了 1400 平方米的汽车库和辅助用房。加建的部分与原有的建筑衔接得极好，从外部几乎看不出加建的痕迹。只是走在里面，要找到新楼的单元不太容易，第一次来的人常常会在里面迷路。

武康大楼是 20 世纪 20 年代上海出现的第一批高档公寓住宅，公寓建成后，吸引了许多当时上海大公司的高级职员，在上海的外资公司租赁了楼里大部分套房提供给公司高级管理人员居住。因此武康大楼的第一批主人几乎都是欧美在沪侨民，而且是在上海滩已有相当地位的上层侨民，他们大多是在电车和自来水公司供职的外籍职员，其中有嘉第火油物业公司销售总代理、美亚保险公司上海办事处经理、罗办臣洋琴行老板以及西门子公司经理等人，几乎是清一色的外国人。直至 1942 年之前，武康大楼里没有住过中国人。1941 年太平洋战争爆发后，租界沦陷，原本意气骄矜的英、美等国人士，成了敌对国难民，他们在沪企业被视作敌产接管，他们自己还必须在臂上缠上标着姓名、国籍的布条，且处处受到日军的盘诘与凌辱，甚至被关入集中营。那段时期，武康大楼十室九空，几无人声。

老上海电影圈人士的聚居地

尽管抗战爆发结束了上海短暂的繁荣期，但一批左翼文艺家却把"孤岛"电影，尤其是商业电影推向了繁荣。很多电影公司在租界相对稳定的形势下继续拍片。当时，离武康大楼一步之遥的电影制片公司就有新华影业公司和联华影业公司两家，于是，许多电影圈人士便陆续租住武康大楼。有"东方第一母亲"之誉的电影演员吴茵与丈夫吴君谋一家当时就入住武康大楼七楼，因电影《渔光曲》红透中国的电影明星王人美也居住在七楼的一个房间。1934 年出品的电影《渔光曲》是王人美的代表作，1935 年，《渔光曲》随中国电影代表团参加了在前苏联举办的电影节，获"荣誉奖"，这是中国电影史上首部获国际奖项的故事片，王人美由此声名大噪。1935 年的一天，编剧夏衍、导演许幸之来到王人美武康大楼的住处，邀请她出演反映"九一八"事变后，青年知识分子走出彷徨投身抗日的进步电影《风云儿女》的女一号，男一号则由被称为"千面人"的袁牧之出演。这部电影先由田汉写出故事梗概，后因田汉被捕入狱，剧本由夏衍修改完成。夏衍和许幸之邀请王人美出演这部电影有以下几方面的考虑：一是王人美已连续拍了 7 部电影，银幕形象既美丽又健康活泼，能给正遭受日军蹂躏的国人以鼓舞；二是王人美思想进步，是左翼电影联盟的积极分子，演这个角色最为合适。在两人的极力游说下，王人美终于同意出演。武康大楼所在地是个闹中取静之处，底楼是商铺，除了紫罗兰理发厅等，还有咖啡厅及茶餐厅，电影界人士平时喜欢在这里聚会，讨论剧本，会见演员，切磋表演。《风云儿女》拍摄期间，武康大楼底楼的咖啡厅更是成了剧组修改剧本、切磋表演的场所。一个多月后，电影杀青，夏衍、许幸之邀请聂耳作曲。没过三天，许幸之带着还处于创作亢奋状态的聂耳冲进武康大楼七楼王人美的住处，请她试听。王人美打开钢琴盖，随着她的手指在琴键上滑动，高亢激昂的旋律回响起来，透过武康大楼的窗户响彻云霄……这就是后来成为中华人民共和国国歌的《义勇军进行曲》。1935 年 5 月 24 日晚，《风云儿女》正式在上海金城大戏院上映，《义勇军进行曲》立即传遍了全中国。

那时，人们经常可以看到武康路上有一个人影匆匆走过，他总是径直来到武康大楼一楼的咖啡厅一角默默坐下，不一会儿王人美便从武康大楼上走了下来笑盈盈地坐在他对面。此人就是先后拍摄了电影《十字街头》《渔家女》《中华儿女》等影片的德清籍著名导演沈西苓，他极想邀请王人美出演自己的电影，只是苦于没有机会。因此，一有空就到这里的咖啡厅请王人美喝咖啡，并带她到家乡莫干山玩，逗她开心。有时，从小在德清外婆家长大的夏衍也会参加进来，绘声绘色地描述"长桥逆鱼"有多么美味好吃，诱得王人美非要他们俩立即带她上德清美餐一顿。当年，武康大楼的咖啡厅里时常洋溢着这些文化界名流的欢声笑语。

抗战胜利后，孔祥熙的女儿孔二小姐把武康大楼买了下来，成为最大的业主，自己则住进新楼里。据说，这位孔二小姐很是另类，她喜欢穿男装，梳大背头，戴金丝边眼镜，或西装革履歪戴礼帽，或手持折扇作商贾打扮，外出时，口叼雪茄，手攘马鞭，身后跟着一大群喽啰，十分威风，但她对左邻右舍倒是彬彬有礼的。

新中国成立后大楼里名流如云

新中国成立后，武康大楼里陆续住进了许多在社会上颇有声望的人士，仍以电影界、文化界人士为多。1950年初，王人美由港返沪，中央电影局安排她在长江影业公司工作，并给她分配住进武康大楼新楼四楼东头一个单元，楼下就是著名的电影艺术家郑君里的家。赵丹和夫人黄宗英在20世纪50年代也居住在这里，在武康大楼住过的还有秦怡等知名的电影艺术家，当时的武康大楼可谓是星光熠熠。王人美搬到武康大楼后，为相互照应，她让哥哥王人艺夫妇搬来和她同住。后来，王人美去了北京，1953年调入北京电影制片厂，而这套房仍由王人艺住着。郑君里一家寓居武康大楼新楼三楼东头单元，每天早上7点左右郑君里便推出他那辆老式自行车骑上，从武康路蹬到上影厂。当年郑君里家里养着一只乖巧的小猴子，邻居经常看见他在走廊窗口逗它玩。"文革"开始，郑君里一家就被从武康大楼新楼扫地出门，移居阴暗的武康辅楼里。1967年，郑君里被隔离审查；1969年，患肝癌死于狱中。

在武康大楼居住过的还有上影厂演员阳华，他寓居在武康大楼四楼。阳华演过《南征北战》《宋景诗》《母亲》

《家》《不夜城》《红色的种子》《乔老爷上轿》《林则徐》《聂耳》《51号兵站》等诸多影片，尤其是1952年拍摄的《南征北战》中的李军长，他在片中的对白"看在党国的份上，拉兄弟一把"成了经典台词。住在武康大楼500室的荒砂，当过上海人民广播电台副台长，市妇联宣传部长、秘书长，是1955年创刊的《每周广播》报的创始人之一，还是《为了孩子》《现代家庭》杂志的创办者，并当过这两家杂志社的社长、总编。荒砂特别喜欢孩子，常从单位里借回一大堆连环画供儿女阅读。由于她家连环画多，邻家孩子都爱去她家，即便把她家里弄得很乱，她也从来没有丝毫不悦。曾任少年儿童出版社副社长兼副总编辑的林剑修住在武康大楼504室，当年，少儿出版社出的《小朋友》《儿童时代》《少年文艺》《十万个为什么》等都是孩子们最爱读的。林剑修喜欢养花，家里朝南的那间大房里摆满了各种各样的花卉盆景，空闲时他还喜欢画画国画。这里还住过著名电影导演和戏剧活动家应云卫、中国电影事业家孟君谋、著名电影演员高博等，老干部蒋铁如、老报人孙叔衡、老画家邵洛羊、学者兼工商业者沈仲章等也都居住在这里，可谓群星闪烁，名流如云。

武康大楼户型以一室户及三室户为主，转角处的房屋面积最大。以前上海没有这么多高楼，住在武康大楼六楼以上的住户从大楼南窗能看到毕卡第公寓（今衡山饭店）甚至龙华塔。楼内的邻里关系既不同于弄堂人情的不分彼此，也没有现代小区的疏离感，而是保持了既友善又礼貌的舒适距离。那时，武康大楼是这一带少有的高楼，一面就是淮海中路，当时新华路、淮海路是国宾道，倘有国家领导人偕外宾坐敞篷车驶过淮海中路时，武康大楼的住户们即可临窗而观。武康大楼朝南的斜对门，就是宋庆龄的家，站在三楼以上，能看见整座院子，每当国庆节，大楼里的孩子们一定会来到后楼的五、六、七层窗前，兴高采烈地眺望着自人民广场处腾起的五彩缤纷的团团焰火。

武康大楼里的神仙伴侣

武康大楼住得时间最长的名人大概要数一对闻名遐迩的神仙伴侣：电影表演艺术家孙道临和越剧表演艺术家王文娟了。孙道临和王文娟夫妇居住的新楼404室正是当年孔二小姐的闺房。自1964年搬到武康大楼后，孙道临一住就是四十多个春秋，直至2008年1月，在这幢楼里走完了他86年的人生旅途。没有了孙道临的武康公寓，让人感觉到了一种深深的遗憾，而耄耋之年的"林妹妹"王文娟失去了心爱的夫君，又该如何排遣武康大楼里的漫漫长夜？

2012年，我在武康大楼采访过王文娟老师。已经没有了孙道临的寓所稍显清冷。客厅不大，一组沙发围成一个会客区，几座顶天立地的书橱沿墙而立。客厅正中墙上挂着一张很大的孙道临木刻像，似乎这位杰出的艺术家依旧在自己

王文娟在武康大楼作画（2012 年）

家里，孙道临的气息在房间的角角落落散发着。屋子朝南是
一堵全透明的落地景观窗，窗外是半间客厅大小的内阳台，
阳台里摆满了绿色植物，阳台面向一幢白色的建筑和建筑前
绿色的草坪树木，那是宋庆龄故居。阳台上的绿色和宋庆龄
故居的绿色连成了一片。王文娟说："刚搬来时，我并不喜
欢这里，觉得这房子曲里拐弯的，又是沿马路，太吵。可
是，道临喜欢，说对着淮海路，多好！他最喜欢的就是这个
阳台了，尤其钟情于对面的一片浓荫。"阳台上有一张长沙
发，前面一张茶几，王文娟让我在沙发上坐下，阳光温暖地
照射在我身上，暖融融的感觉。王文娟把曹雪芹笔下的林黛
玉演活了，不过，生活中的王文娟却丝毫没有林黛玉身上的

尖酸刻薄气，她大气随和，极具亲和力，而且一点也不矫情。说起她演的林黛玉曾风靡神州，王文娟只是浅浅一笑，淡然地说，这是自己机遇好，越剧《红楼梦》有它生逢其时的优势。

王文娟和孙道临的结合被喻为是一首舒伯特与林黛玉合写的诗。两位大艺术家相濡以沫半个世纪，他们不仅是心心相印的夫妻，更是志同道合的朋友。而当年促使两人结合的大媒人是著名剧作家黄宗江。王文娟说："其实，在没有认识道临之前，我就是他的粉丝，他演的电影我每部都看，有的还看了好几遍。"而孙道临也非常熟悉王文娟的表演，十分赞赏她的演技。当年王文娟参军总政越剧团时，黄宗江是联络、接待人员之一，而孙道临则是黄宗江从小的好朋友。孙道临和王文娟初见时，一个风度翩翩，一个风神灵秀，彼此好似千年之前就在那里静候着似的，一旦撞见，气场悄然暗生。两人都是名人，公众场合不能去，谈恋爱只能晚上在僻静的马路上散步，那时孙道临住在武康路上的密丹公寓，王文娟住在华山路上的枕流公寓，好在两条路紧连着，每次两人都走到深夜，沿着武康路送来送去，好似越剧《梁山伯与祝英台》里的"十八相送"，当然，每次都是孙道临最后送王文娟到枕流公寓，就这样一步步相依相偎地走进了婚姻的殿堂。那是1962年的夏天，其时孙道临四十一岁，王文娟三十六岁，是标准的晚婚了。因为密丹公寓面积狭小，临时申请房子又来不及，就把婚房放了枕流公寓，一直等到两年后女儿庆原出生，才将两处房子并在一起，置换到武康大楼。两人平时穿着十分简朴随便，所有的时间和精力都放在工作上，家里主要由王文娟母亲操持，家务则由保姆承担。

婚后，两人难得在一起，即便相聚了，话题也总在艺术研讨的圈子里。闲暇时，两人一起去看电影，看完后，会相互交流切磋，常常是孙道临侃侃而谈，王文娟静静地听。王文娟说："他一谈就是一大套，但我喜欢听他谈。"王文娟每接到一个新的剧本，一定会拿给孙道临看，然后两人一起讨论。孙道临喜欢弹钢琴，还会唱美声，他有空时，就为妻子伴奏，陪她练声、运气。燕京大学哲学系出生的孙道临崇尚文化，他让王文娟有空多看看书，读读外国小说，以提高自己的艺术素养，还亲自为她开列了一份详细的书单。王文娟不但有空就看书，还让孙道临教她普通话，孙道临就一本正经地给她上课："这是前鼻音，这是后鼻音。"王文娟搞不清楚，孙道临急了，说："你怎么这么笨啊？"武康大楼里孔二小姐住过的房间里洋溢着两位中国一流艺术家的欢声笑语。

孙道临走后，王文娟失去了一个艺术上共同交流探讨的伴侣，很不习惯。家里留存了她太多的牵挂，关于孙道临的，关于他们俩从前的日子。每当遇到事情要商量，她总会像以前那样习惯性地去找她的道临，可是面前只剩下空荡荡的房间和照片。说到这里，王文娟的眼睛里掠过忧伤。好在失去孙道临的日子，还有自己钟爱的越剧，还有遍布天下的

"桃李"。她有时和女儿庆原一家住在一起，有时单独住在武康大楼里。平时王文娟也不闲着，会会老姐妹，指导她的王派弟子，接待朋友。她说："我好像蛮忙的。"除了上面说的那些事情，她每周还要到老年大学学一次画，去一次要交两张作业。说话间，王文娟带我去看她的阳台画室，里面挂满了她自己画的画，我发现她画得最多的是牡丹，仔细看王文娟画的牡丹艳而不俗，就像她塑造的人物一样，有一股清新之气。王文娟的学生每排一个新戏，都必然要上门找她们的老师指导。武康大楼那幢寓所里经常会有越剧声飘出，轻轻柔柔的，满是江南风情。

蚀骨的风情依旧飘散

也许是因为这座地处老上海最有法国味道的转角公寓楼里面曾经集合了许多骨子里最风情的人物，无形中成就了这幢楼独一无二的浪漫气质。现在它已被列为上海市优秀历史建筑，得到了很好的修缮和保护。张爱玲小说中描述的 20 世纪初上海人家中那种"暗嵌"式熨衣板，居然还能在武康大楼的民宅中看到。在如今的住客中，有从小就住在大楼里的老上海人，也有慕名新搬入体验老房子风味的新上海人和外国人。而底层的商铺也随着时代的发展衍生出了不同的形态，琳琅满目，生生不息。门口一侧白墙上的"武康大楼"四字是 2008 年大修时所置。2016 年 5 月新开了一家古风禅韵的书店，它就坐落在武康大楼新楼底层内，它的对面正是宋庆龄故居。走入书店，几乎一步一景，移步换景，处处皆景。日式格调的品茶和室里，墙上有副对联，上下联分别写着"抱琴看鹤去；枕石待云归"，让人想起古代山林隐逸之士的日常生活。空气中回荡着悠扬淡雅的古琴声，令人恍如跌入唐宋年代。以词牌名命名的七个幽静雅致的独立空间分别写着桂枝香、醉花阴、青玉案、山亭柳、苍梧谣、天净沙、满庭芳的名字，中式竹帘后是高科技的影音设备，传统和现代悄然融合。"小隐隐于山，大隐隐于市"，这家书店位于上海的繁华地带，门口便是车水马龙的淮海路，躲进这浸润着中国传统人文之美并集合多种文化创意元素的书店，坐下来幽幽地点一支香，慢慢地饮一壶茶，细细地品一块绿豆糕，笃悠悠地听一曲古琴，静静地捧读一本心仪的书，尘俗烦恼顿消。不经意间就领略了"大隐隐于市，何需寻野径"的意趣。突然想到，倘若昔日住在楼上的燕京大学哲学系高材生孙道临先生在世，大概是会经常下楼光顾这里吧。

今天，当我走进武康大楼，就好像走进了一部流淌在时光里的老电影。骑楼、券廊、转角挑出的阳台、三角形古典山花窗楣等，都突显了法国文艺复兴时期建筑风格，它的一个门廊、一个转角，让走过的人会怀疑自己是否身处巴黎。作为上海标志性历史建筑之一，百年来，武康大楼见证了不同时代人们的生活方式，与建筑本身共同构成了上海独一无二的城市性格。武康大楼像是一艘华丽斑驳的船，泊在上海最有风情的街角，永不行驶，在这座动感的城市中显得异常沉静。虽落满岁月痕迹，却犹如醇酒，时间越久越迷人。我想，今天的人们之所以依恋与钟爱这幢将近一百年的大楼，大概是因为它为当代都市人心中无处停泊的怀旧之船提供了一个空间，一个记忆的去处。

湖南别墅：深宅大院里的历史风云

周立民

如今的武康路，真是热闹，像是春天里，一夜之间怒放的花。

不过，在武康路与湖南路口有一座门牌号为"湖南路262 号"的大宅子，却总是不为所动安静地立在那里。两扇大铁门从未轻易地打开过，门内浓密的林木甚至遮住宅院的面目，越发给人神秘感。

一

我最早是在郑振铎叙述他抗战后期蛰居生活的《蛰居散记》中"读"到这座大宅子的。

1943—1945 年间，为了躲避日本人的追捕，郑振铎隐居在这座大宅子后面的房子里，曾记下这座大宅子当年的面目：

湖南别墅大门

　　那时，那所巨厦还空无人居，不知是谁的。四面的墙，特别的高，墙上装着铁丝网，且还通了电。究竟是谁住在那里呢？我常常在纳罕着。但也懒得去问人。

　　有一天早上，房东同我说："到前面房子里去看看好么？"

　　我和他们，还有几个孩子，一同进了那家的后门。管门人和我的房东有点认识，所以听任我们进去。一所英国的乡村别墅式的房子，外墙都用粗石砌成，但现在已被改造得不成样子。花园很大，也是英国式的，但也已部分的被改成日本式的。花草不少；还有一个小池塘，无水，颇显得小巧玲珑，但在小假山上却安置了好些廉价的磁鹅之类的东西，一望即知其为"暴发户"

之作风。

盆栽的紫藤，生气旺盛，最为我所喜，但可知也是日本式的东西。

正宅里布置得很富丽堂皇，但总觉得"新"，有一股无形的"触目"与触鼻的油漆气味。（《蛰居散记·十八　我的邻居们》，《郑振铎全集》第 2 卷，花山文艺出版社，1998 年，第 459—460 页）

谁的宅子有如此"暴发户"作风？房东告诉郑振铎，这是周佛海的新居，去年向英国人买下的，装修的费用比买房花的钱还多。

武康路原本很安静，郑振铎文字里有关于这里的难得的记录："这个地方是上海最清静的住宅区。四周围都是蔬圃，时时可见农人们翻土、下肥、播种；种的是麦子、珍珠米、麻、棉、菠菜、卷心菜以至花生等。有许多树林，垂柳尤多，春天的时候，柳絮在满天飞舞，在地上打滚，越滚越大。一下雨，处处都是蛙鸣。早上一起身，窗外的鸟声仿佛在喧闹。推开了窗，满眼的绿色……"（《蛰居散记·十八　我的邻居们》，《郑振铎全集》第 2 卷，第459 页）好一派田园风光。然而，随着周佛海这样的大人物的入住，达官贵人们的夜夜笙歌，一切都变了样：

过了几个月，周佛海搬进宅了；整夜的灯火辉煌，笙歌达旦，我被吵闹得不能安睡。我向来喜欢早睡，但每到晚上九十点钟，必定有胡琴声和学习京戏的怪腔送到我房里来。……

更可恨的是，他们搬进了，便要调查四邻的人口和职业；我们也被调查了一顿。

我的书房的南窗，正对着他们的厨房，整天整夜的在做菜烧汤，烟突里的煤烟，常常飞扑到我书桌上来。拂了又拂，终是烟灰不绝，弄得我不敢开窗。（《蛰居散记·十八 我的邻居们》，《郑振铎全集》第2卷，第460页）

或许，周佛海们早已意识到，他们不可长久的命运，才疯狂地及时行乐？没过两年，他们都沦为阶下囚。1948年，几次背叛自己选择的周佛海在监狱里结束了自己可耻的一生。而这里，也被作为伪产为军统局接收，次年作为他们统辖的中国新社会事业建设协会总会会址。

二

1949年，改天换地的岁月，这一年的下半年，湖南别墅又迎来新的主人，他们是这座城市的新的领导者，是他们率领军队打进来让这座城市变了颜色。那是邓小平、陈毅两家，邓家住在二楼，陈家住在一楼。据说有关部门把已经改名为市委小招待所的湖南别墅分给陈毅和邓小平两家暂住时，起初，这位有着诗人性格的市长坚决不同意，认为住大汉奸的房子不但心里别扭，还会被老百姓骂娘。邓小平则劝陈毅：现在已经是政府的招待所了，性质不一样了，等有了合适的房子再搬吧。经他这么一说，陈毅才答应。

有一张照片，是陈毅和邓小平两家人在这个院子里拍的，各自的夫人、孩子都在，其乐融融。这可能是因为邓小平一家要离开这里，奔赴大西南而拍的吧？邓小平在这个院子里住的时间很短，《邓小平年谱（1904—1974）》（中央文献出版社，2009 年）中虽然没有明确的入住和离开时间的记录，然而追踪那些与历史进程息息相关的重大事件和邓小平忙碌的身影，不难推断出他在这里"歇脚"时间之短：

1949 年 5 月 26 日，率总前委、华东局机关到达上海。

7 月 12 日，从南京乘火车北上，14 日晚到达北平，向中央汇报工作，研究进军西南的战略部署。8 月初，返回南京。

9 月底，去北京，随后出席开国大典，研究进军西南事宜。

10 月 21 日，从北京南下，在徐州与二野机关汇合，率军挺进西南……

三

很多人都不曾有机会目睹湖南别墅的风采。它总体为假

湖南别墅外立面（贺平　摄）

三层，坐北朝南，呈 L 形布局。主要居室在南侧，北侧为厨房、卫生间、储藏室等辅助用房。主楼的一楼是客厅、餐厅等，二楼是卧室，三楼是客房和储藏室。卧室外面有大阳台和外露台，高墙环绕中，草木葱茏，这真是一个适宜休养的安静所在。或许正因为如此，1962 年，贺子珍搬了进来。她是井冈山时的老革命，曾是毛泽东的夫人。

1976 年，毛泽东去世：

> 刚得到消息的两天，姑姑没有睡过觉，到了深夜两点，还跑来找我和海峰说话。我们困极了，让她回去睡觉，她不睡觉我们也要睡觉呀。她回去一阵子，又回来，翻来覆去地问："没有听说主席有病呀，怎么突然就走掉了？是什么原因？"她思维就卡在这个坎儿上过不去。（贺小平口述：《姑姑贺子珍的沉寂岁月》，《世纪》2016 年第 4 期）

第二年，贺子珍就中风偏瘫了。以后的时光是在华东医院度过的。1984 年，在没有一个亲人陪伴下，她孤独地离开了人世。

或许，有些历史早就翻过了，或许有的永远都翻不过。在岁月的嘈杂中，这座阅尽风雨的深宅大院却总是默默无语。

安福路 322 号

钱宗灏

安福路在租界时代的名称叫巨泼来斯路，据传是以一名法国海军将领的名字——"Dupleix"来命名的，至于是否确有 Dupleix 其人，他的姓名全称是什么？可惜还未见有人能说得清楚，不过 19 世纪法国有艘叫 Dupleix 号的著名巡洋舰倒是真的，1868 年它曾到访过日本，停泊在大阪港。那时全日本反对幕府统治的"倒幕战争"正进行得如火如荼，倒幕军在一个月前刚刚收复了大阪，作为德川幕府支持者的法国人出现在这里，毫无疑问是带有挑衅意味的……据查，法国人似乎有用 Dupleix 命名战舰的传统，二战时期有一艘，2008 年法国海军舰艇编队访问上海，其中也有一艘名叫 Dupleix 的反潜驱逐舰。可是在 20 世纪早期，上海法租界当局为何将其界内的一条普通道路也命名为 Dupleix？其中的故事恐怕也是没人能够讲得清楚了。

其实这条路一开始出现的时候也不是叫巨泼来斯路。那是在 1907 年，法租界市政当局将原来南洋公学监院福开森开辟的一条土路稍作拓宽，铺上了煤渣屑后正式命名为"福开森路"。要说"正式"那是因为法租界市政当局开始修路以前，当地的老百姓已经把这条土路叫做"福开森路"有好几年了。那时候的福开森路很长，从东头的善钟马房开始一直通到南洋公学校门口。善钟马房是老上海的一家著名马车行，位置在现在的华山路、常熟路口一带；南洋公学校门口即是今天交通大学的校门口，一百多年了没移动过。看到这里也许有读者会问：你这么说有什么根据吗？有的。上海历史博物馆曾展出过一幅 1912 年的上海市地图，且是彩色的，很珍贵！我初见时还生疑，怎么把安福路和天平路都标成了"Ferguson road"？但白纸黑字，作为正式出版物，它上面就是这么标注的。后来待了解福开森为方便南洋公学的教师学生往来家庭与学校的便利而出资筑路的故事后才知道这些都是真的。变化是在 1914 年法租界向西拓展成功了，法国人要对这一大片新划入的区域重新规划道路系统，那时候才把福开森路的东段改成了巨泼来斯路，南段改名叫姚主教路，只有中段才保留了福开森路的原名。到了 1943 年，上述道路又改成了安福路、天平路和武康路的名称。

　　大致讲清楚了安福路的由来后，再说说安福路 322 号花园住宅。关于这幢花园住宅建造的年份，现在资料有两种不同的说法：一说建于 1928 年前后，另一说是建于 1932 年。前后相差有 4 年，但这两种说法都没有给出史料方面的根据，因此姑且也只好存疑。不过从建筑的形制上来看，其一招一式皆有出处，是属于那种十分典型的西班牙式花园住宅，不像到了20世纪30年代晚期大批量建造的西班牙式住宅，仅秉承了一些外观上的主要特征，其他部分都已经大大简化了。如果从这个意义上讲，我比较倾向于1928年前后的说法。因为前些年在考察这幢房子的时候我曾里里外外都仔细看了。里面的马赛克楼梯给我印象很深，在西班牙南部的格拉纳达地区，受伊斯兰文化影响的建筑里面我也曾经见到过相同的楼梯；还有在房子东北部耸起的八边形塔楼，也是后期的西班牙式住宅所没有的，所以在判断建造时间上我宁愿往早的方面去想。

下面让我们考察一下建筑物本身：从外观上就可以判断出这房屋是三层砖木结构，建筑整体造型和平面布局都显得自由灵活。赭红色的素面筒瓦覆盖着屋面，与浅黄色的外墙形成鲜明的对比；坡顶平缓，由于几乎没什么出檐，这样就突出了檐下连续的券齿线脚饰带，视觉上令人很愉悦。建筑东北部八角形塔楼的底层设计为基座层，看似古典美学的章法，但内置的宽大空间可以有实际用途；南部有宽阔的室外楼梯通往二层，半层处还设有一座露天大平台，显示了南欧人热情和外向的个性。平台地面铺设硬陶红地砖、铸铁花饰围栏，阶梯侧面的马赛克至今仍色彩鲜艳。建筑的南立面中部稍作前出，构成了上下两层外廊，底层的正面开设有三联装的拱券门洞，二层廊道外墙则设置了五个长方形的窗洞，

安福路 322 号俯视图

建筑师用这种手法将空气和阳光充分地引入室内，同时也避免了雷同。窗楣勾勒的波纹线脚则用以加强装饰效果，可惜外廊现已加装了门窗封闭。淡黄色的水泥拉毛墙面本身简单朴素，装配上深绿色的钢窗及绿釉漏窗，会形成悦目的色彩对比，且多处采用三联窗再配上矩格形的小窗棂，简单中透露着复杂，文化特征十分显著。

通常我们在描述建筑时会用它是某某"式"或者属于某某"风格"去作定义，前者表示十分典型或者用俗话说很"正宗"；而后者则仅仅是讲貌似，或者有点像的意思。安福路322号作为西班牙式的建筑无疑值得称道，它不仅具备了形式上的纯粹，更具有一种文化上的标识意义。但是多年来业主不合理的使用已经破坏了它原来的优美与和谐，西侧阳台已封闭改为房间，主立面局部亦有改扩建，北侧加建了大面积的裙楼，屋顶竖立的两座厚实大烟囱与西班牙建筑形式不符，对风貌有负面影响，花园也已改作了公共通道。这种加装改造其实是得不偿失的，所幸建筑内部主体保存尚好，底层过道厅的四根螺旋立柱应属原始构造，保留下来实属不易。至于多处进行的改扩建，可能是属于没有办法的事情，譬如装修材料自然老化更新、建筑消防安全的要求，等等。

还有一个问题也比较重要，因为当人们看到一处好的老房子总免不了会问曾经的主人是谁？即便从专业角度讲，凡历史建筑的业主变迁也是需要弄清楚的。我读到的文章曾有过交代，讲这幢房子原是孔令侃的住宅。孔令侃生于 1916 年，系国民党政府财政部长孔祥熙的长子。性情乖张，连宋子文、蒋经国这等人物都不放在眼里，在上海金融界依托他的扬子公司呼风唤雨。因其孔家大少爷的特殊身份和小姨宋美龄的特别宠爱，孔令侃在多次政治动荡中都能全身而退，新中国成立后随父母移居美国。

但是我觉得该房子的第一代业主肯定是外国人，极有可能是侨居上海的西班牙商人。因为像孔令侃这样的官二代加洋场恶少似乎不会有建造这种房子的旨趣，且 20 世纪 20 年代晚期孔令侃尚不过十几岁的少年，哪怕真的要成了这处房产的主人也应该是抗战胜利的 40 年代了。

带着这些疑问我查找过一些史料，发现 1932 年居住在巨泼来斯路 316 号的 Wells R. W. 夫妇也许正是建造这幢房子的人，当然这只是可能。这对夫妇带着两个未成年女儿，体面地生活在 20 世纪 30 年代的上海。Wells 先生是上海一家叫做元芳洋行（Maitland & Co.）公司的老板。我觉得虽然 316 号同现在的门牌号不对，但却都是安福路上的最后一个门牌号码，市政变迁发生门牌号跟着变化也是很有可能的事情，例如原来同一条路上的巨泼来斯公寓，那时候是 253 号，现在是 233 号。

如果上述假设是对的，那么住在这里的 Wells 一家一直要到太平洋战争爆发、日本占领上海租界才搬走。第二次世界大战期间上海的西方人曾大量离开是事实，战时及战后的

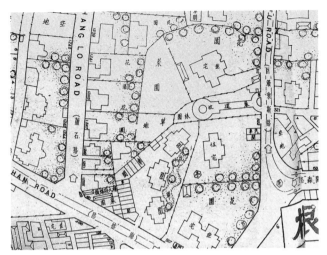

《上海市行号录图录》所载安福路 322 号（旧称巨泼来斯路）住宅
示意图（1948 年）

房产易主都是大概率事件。

　　1948 年出版的《上海市行号路图录》里面有安福路 322
号花园住宅的示意图，我们可以看到业主在入口旁沿街建有
两间车库，花园很大，独立式主楼坐落在花园后部，西北角
上还有一座六角形的凉亭。东面紧邻的 318 号是一座称作
"林园"的墓园。推测林园以前应当是林姓原住民的家族墓
地，但那个时候肯定已经不再是了，因为从图上看林园占地
十分狭窄，仅坟冢前一条墓道通往安福路就没了。大约是林
姓子孙将原来的祖产分拆后变现了，再建一座大墓将先人骨
殖合葬一起用来祭祀。这么看来，业主建造这处花园住宅

时，基地当是从林姓原住民的手里买下来的。当然此说尚有待史料证明。

新中国成立以后，安福路 322 号曾长期由上海电影发行放映公司使用。住宅功能转换作办公用途，室内格局发生了变化，多处改扩建，缺乏合理维护。20 世纪 80 年代随着电影产业的兴盛，上海市电影器材供应站也设在了这里。现在这幢西班牙式建筑已铅华洗尽，位于院内一隅，是上海永乐股份有限公司的办公楼，已被四周多幢新建的大楼所淹没，要经过永乐股份有限公司大门进入后方能见到。

最后留一条线索给有兴趣想深入探寻的朋友们：该处地产在法租界地政处的地籍编号是 12132C。前面应该还有 12132、12132A 和 12132B 三块地产存在，我的推测是这四块地产原来全是林姓墓地。有兴趣的人根据这些编号如果能够顺利地查找到租界时代的"法册道契"，那么土地的原业户、地产的出让价格和受让方，以及历年的转让、变更等都可以一目了然了，这把钥匙或者能够开启一扇门，让你有意想不到的收获。